O QUE NASCE COM A PANDEMIA?

Gabriela Neves Delgado

Mauricio Godinho Delgado

O QUE NASCE COM A PANDEMIA?

2022

EDITORA JusPODIVM

www.editorajuspodivm.com.br

EDITORA *Jus*PODIVM
www.editorajuspodivm.com.br

Rua Canuto Saraiva, 131 – Mooca – CEP: 03113-010 – São Paulo – São Paulo
Tel: (11) 3582.5757 • Contato: https://www.editorajuspodivm.com.br/sac

Copyright: Edições *Jus*PODIVM

Capa e Diagramação: Maitê Coelho e Cendi Coelho *(cendicoelho@gmail.com)*

D352q

Delgado, Gabriela Neves.

O que nasce com a pandemia? / Gabriela Neves Delgado e Mauricio Godinho Delgado – São Paulo: Editora JusPodivm, 2022.

128 p.

Bibliografia
ISBN 978-65-5680-860-4

1. Saúde pública. I. Delgado, Gabriela Neves. II. Delgado, Mauricio Godinho. III. Título.

CDU 614

Para Francisco, Isabela,
Clara (†), Lúcia e João,

Sempre e por toda a travessia.

SOBRE OS AUTORES

GABRIELA NEVES DELGADO é Professora Associada de Direito do Trabalho na Graduação e Pós-Graduação da Faculdade de Direito da Universidade de Brasília (UnB). Tem Pós-Doutorado em Desigualdades Globais e Justiça Social: diálogos norte e sul, pela Faculdade Latino-Americana de Ciências Sociais e seu Colégio Latino-Americano de Estudos Mundiais (FLACSO/Brasil) e Pós-Doutorado em Sociologia do Trabalho pelo Instituto de Filosofia e Ciências Humanas da Universidade Estadual de Campinas (IFCH/UNICAMP). Doutora em Filosofia do Direito pela Universidade Federal de Minas Gerais (UFMG). Mestre em Direito do Trabalho pela Pontifícia Universidade Católica de Minas Gerais (PUC Minas). Pesquisadora coordenadora do Grupo de Pesquisa "Trabalho, Constituição e Cidadania" (UnB/CNPq). Advogada.

MAURICIO GODINHO DELGADO é Professor Titular do UDF, em Brasília, e de seu Mestrado em Direito das Relações Sociais e Trabalhistas. Doutor em Direito pela Universidade Federal de Minas Gerais (UFMG). Mestre em Ciência Política pela Universidade Federal de Minas Gerais (UFMG). Magistrado do Trabalho desde novembro de 1989, sendo Ministro do Tribunal Superior do Trabalho (TST) há mais de 13 anos. Advogado inscrito na OAB-MG até novembro de 1989. É autor de mais de três dezenas de livros no campo jurídico constitucional, social e trabalhista, inclusive no campo temático do Estado Democrático de Direito e do Estado de Bem-Estar Social.

SUMÁRIO

1

INTRODUÇÃO

1.1. O QUE NASCE COM A PANDEMIA?

Viradas de séculos carregam, em simbologia, a expectativa de mudanças, renovações e progresso. Nos ritos de passagem, entre o tempo que se foi e o tempo do vir a ser, caminhos se abrem a infinitas possibilidades de avanços e de retrocessos civilizatórios.

No transcorrer dos séculos, o fluir histórico segue ininterrupto movimento, sendo o tempo o seu principal reflexo. A história caminha em ritmo lento e gradual, mas também pode ser impulsionada a grandes saltos, previsíveis ou imprevisíveis, mas por certo distantes do horizonte até então delineado. Isso significa que não há uma mecânica estática na história, mas sim uma dinâmica viva, em constante mutação, e sempre permeada por *fluxos* e *refluxos*[1].

Muitos historiadores identificam as *emergências* (catástrofes ambientais, grandes guerras, conflitos armados, pandemias e epidemias, por exemplo) como *catalisadores do tempo histórico*. Tais eventos desabam sobre o tempo alterando e acelerando o seu fluxo por completo e, via de consequência, a própria marcha histórica[2].

A pandemia da Covid-19 irrompeu sobre o mundo, em 2020, como um novo catalisador do tempo histórico. Catástrofe epidêmica de proporção similar não era testemunhada há pelo menos cem anos, bem lembra Yual Noah Harari[3].

Seus desdobramentos, cravados no cotidiano com avassaladora velocidade, provocaram mudanças em muitas coordenadas do século XXI. Por essa razão, vários pesquisadores do campo das humanidades afirmam que o século XXI se iniciou em 2020, sob o signo da Covid-19, desalinhado, portanto, do calendário oficial[4].

Construção teórica semelhante foi articulada por estudiosos da história contemporânea, com destaque para Eric Hobsbawm, para quem o século XX teve início com a

---

1. DELGADO, Mauricio Godinho; DELGADO, Gabriela Neves. A Proteção e a Inclusão da pessoa Humana Trabalhadora e do Trabalho no Brasil: fluxos e refluxos. *Revista Jurídica Unicuritiba*, v. 4, p. 538-583, 2019.
2. HARARI, Yual Noah. *Notas sobre a pandemia*: e breves lições para o mundo pós-coronavírus. Tradução Odorico Leal. 1.ed. São Paulo: Companhia das Letras, 2020. p. 29.
3. *Ibidem*.
4. BASCHET, Jérôme. COVID-19: el siglo XXI empieza ahora. *In*: *Herramienta Web: Revista de debate y critica marxista*. La pandemia del capitalismo. n. 28. Publicado em Abril de 2020. Disponível em: https:// herramienta.com.ar /articulo.php?id=3180 Acesso em: 05/05/2020.

Primeira Grande Guerra (1914-1918), em razão dos impactos e desdobramentos decisivos por ela provocados no curso daquela era[5].

De fato, a pandemia da Covid-19, e a crise multidimensional dela decorrente, foi o evento histórico mais impactante do século XXI, em suas duas primeiras décadas de existência. Por isso mesmo, faz sentido situá-la no *epicentro do século XXI*.

No entanto, compreendemos que, numa *perspectiva humanista*, inclusiva e civilizatória, uma nova era só terá início quando a humanidade for capaz de articular e proteger, em todos os quadrantes, o ser humano, o trabalho e a natureza que a circunda. Portanto, apesar de, em cronologia, estarmos no século XXI, ele ainda não nasceu[6].

De fato, o que se sedimenta com a pandemia é uma *crise multidimensional* sem precedentes.

Vernáculo de origem latina, a palavra "crise" é rica de significados. Para o Dicionário Etimológico Nova Fronteira da Língua Portuguesa, significa "alteração, desequilíbrio repentino, estado de dúvida e incerteza, tensão, conflito"[7]. Na mesma linha, o Dicionário Aurélio da Língua Portuguesa define a palavra a "crise" como "manifestação violenta e repentina de

---

5. HOBSBAWM, Eric. *Era dos Extremos*: o breve século XX. São Paulo: Companhia das Letras, 1994.

6. A frustração do nascimento de um novo tempo, seja um século, representando uma era, sejam dias ou meses, representando tempos cronológicos delimitados, pode ser apreendida, inclusive, na melhor literatura. Por exemplo, o poeta Alberto Bresciani declama, em verso do poema "Figo", que "alguns dias não nascem". A respeito, consultar: BRESCIANI, Alberto. *Incompleto Movimento*. Rio de Janeiro: José Olympio, 2011. p. 79.

7. CUNHA, Antônio Geraldo. *Dicionário Etimológico Nova Fronteira da Língua Portuguesa*. 2.ed. Rio de Janeiro: Nova Fronteira, 1986. p. 228.

ruptura de equilíbrio" e "fase difícil, grave, na evolução das coisas, dos fatos, das ideias"[8].

A crise é um momento de intensificação de incertezas, período que se caracteriza por uma ambivalência constitutiva, segundo bem explica Edgar Morin: ou, em razão da crise, criamos "algo novo" com "soluções inovadoras", ou "somos obrigados a regredir ao passado". Portanto, para o autor, a crise é uma situação contraditória que revela, em si e simultaneamente, "a possibilidade do melhor e do pior"[9].

Na perspectiva da subjetividade, o que se nota é que os seres humanos reagem às situações de crise, impostas por mudanças abruptas, rupturas, traumas ou perdas, com comportamentos diversos: "alguns se sentem apequenados e enfraquecidos, por isso paralisam, ameaçados pelo sentimento de impotência ou desamparo, outros são impulsionados e energizados, sendo capazes de abandonar a zona de conforto e seguir em frente, mesmo que por outras trilhas"[10].

A crise pandêmica demonstrou a completa irracionalidade da ideologia neoliberal dominante em partes significativas do Ocidente e particularmente na América Latina, com o seu projeto de livre mercado absoluto, de ausência de políticas públicas, econômicas e sociais desenvolvimentistas e de distribuição de renda, de desconstrução dos direitos sociais, ao lado

---

8. FERREIRA, Aurélio Buarque de Holanda. *Novo Dicionário da Língua Portuguesa*. 2. ed. Rio de Janeiro: 1986. p. 500.

9. MORIN, Edgar. As *Possibilidades da Crise*. Fronteiras do Pensamento. Disponível em: https://www.fronteiras.com/videos/as-possibilidades-da-crise. Acesso em: 12/2/2020; MORIN, Edgar. *É hora de mudarmos de via:* as lições do coronavírus. Tradução Ivone Castilho Benedetti; Colaboração Sabah Abouessalam. Rio de Janeiro: Bertrand Brasil, 2020.

10. DELGADO, Gabriela Neves. *Apresentação da Revista LTr*. n. 84. São Paulo: LTr, 2020.

do severo desprestígio do papel do Estado e das instituições públicas, salvo como indutores ou abalizadores da concentração de renda e da desigualdade.

A pandemia escancarou, assim, as desigualdades do capitalismo periférico com todas as suas vicissitudes, denunciando, no mundo do trabalho, o lado mais perverso e mercantilizado das relações trabalhistas, aqui estruturadas tanto sob o prisma das tradicionais formas de exploração latino-americanas, como sob o enfoque das criações legislativas ainda mais precarizadoras, a par das inovações tecnológicas digitais, explicitando um insaciável "sistema de metabolismo antissocial do capital", assim intitulado por Ricardo Antunes[11].

No Brasil, a crise de feições política, sanitária, social, ecológica e trabalhista, já em curso desde alguns anos, foi dilatada com a pandemia, trazendo consigo um sentido de volatilidade, abandono e insegurança inimagináveis na atualidade. É que, neste cenário de amplificada imprevisibilidade e desamparo, não há elementos suficientes para se depreender, com clareza, quais mudanças e renovações serão possíveis no tempo da travessia.

Por certo, se não forem assimiladas as lições da crise da Covid-19, em seus âmbitos sanitário, econômico, social, ecológico, trabalhista e institucional, a nova era realmente não começará. Com isso, a crise restará como mais um instrumento de aprofundamento da exclusão, desigualdade, discriminação, exploração e miséria.

É preciso disputar o futuro do pós-pandemia e escolher o que a crise fará de nós.

11. ANTUNES, Ricardo. *Coronavírus:* o trabalho sob fogo cruzado. São Paulo: Boitempo, 2020.

1.2. COVID-19: UMA CRISE PANDÊMICA MULTIDIMENSIONAL

A Covid-19 provocou uma *crise pandêmica complexa, instantânea, profunda e multidimensional.*

Trata-se de uma crise de *ampla extensão*[12], pois "o novo coronavírus se difundiu como um rompante por todo o globo, avolumando-se do extremo oriente ao extremo ocidente, de norte a sul, do centro à periferia, sem limites"[13].

Na *dimensão longitudinal*, a pandemia se exterioriza como uma crise profunda e de longa duração, cujos efeitos sociais, econômicos, ecológicos e trabalhistas seguramente se prolongarão no tempo histórico, apesar da crescente imunização das pessoas por vacina.

Caracteriza-se, ainda, como uma *crise de dimensões transversais*, apresentando em si um entrelaçamento de múltiplos fatores, "no qual a realidade biológica do vírus é indissociável das condições sociais e sistêmicas de sua existência e difusão"[14]. Por isso, a pandemia deve ser tratada como um *fenômeno polissêmico e multicausal*, imbricado pelo entrelaçamento

12. Classificação das "dimensões", conforme: AZEVEDO, Francisco Ferreira. *Dicionário Analógico da Língua Portuguesa:* ideias afins/thesaurus. 3.ed. Rio de Janeiro: Lexikon, 2016. p. 75-87.

13. DELGADO, Gabriela Neves; DELGADO, Lucilia de Almeida Neves; DELGADO, Mauricio Godinho. Lições da Pandemia para o Mundo do Trabalho. *Revista Humanidades*. Brasil Pandêmico: o espanto e a dor diante da Covid-19. n. 64. Publicado em: Dezembro de 2020. Disponível em: http://www.editora.unb.br/downloads/v4_RevistaHumanidades64_impresso_PagDupla_Web.pdf. Acesso em: 02/03/2021.

14. BASCHET, Jérôme. COVID-19: el siglo XXI empieza ahora. *In*: *Herramienta Web: Revista de debate y critica marxista*. La pandemia del capitalismo. n. 28. Publicado em Abril de 2020. Disponível em: https://herramienta.com.ar/articulo.php?id=3180 Acesso em: 05/05/2020.

de questões biológicas e raciais, de classe e gênero, de precariedade e trabalho.

Conforme bem caracterizou Edgar Morin, trata-se de uma *megacrise*, estruturada pela combinação de outras crises (políticas, econômicas, socais, ecológicas, nacionais, planetárias), "com componentes, interações e indeterminações múltiplas e interligadas, ou seja, complexas, no sentido original da palavra *complexus*, 'o que é tecido junto'"[15].

É também uma crise em que se fazem presentes as *dimensões da proximidade e da distância.* Assim, ao mesmo tempo em que seus efeitos atingem e se aproximam do cotidiano das pessoas, consideradas suas particularidades e experiências individuais, eles também transcendem o ambiente doméstico, projetando-se à distância, quer na comunidade mais próxima, em âmbito regional ou em escala global. Por isso mesmo é que as medidas de combate à propagação da pandemia dependem, em certa dimensão, sem dúvida, de ações individuais, sobretudo pela necessária mudança e/ou aperfeiçoamento de hábitos higiênicos. Porém, ainda em maior grau, dependem, sim, de ações estruturais de grande porte, apoiadas em políticas públicas orgânicas, arquitetadas e/ou efetivadas mediante a atuação dos três poderes (Executivo, Legislativo e Judiciário), desde que comprometidos com um projeto de Estado Democrático de Direito e seu efetivo Estado Social, inclusive com esteio em uma ciência forte, com instituições científicas e universitárias valorizadas[16].

---

15. MORIN, Edgar. *É hora de mudarmos de via:* as lições do coronavírus. Tradução Ivone Castilho Benedetti; Colaboração Sabah Abouessalam. Rio de Janeiro: Bertrand Brasil, 2020. p. 21. (grifos no original).

16. Sobre o conceito de Estado Democrático de Direito, oriundo do Constitucionalismo Humanista e Social do pós-Segunda Grande Guerra, firmemente internalizado pela Constituição de 1988, com sua ampla incorporação de um efetivo Estado Social (ou Estado de Bem-Estar Social), consultar: DELGADO,

Por toda a sua abrangência e complexidade, a pandemia da Covid-19 é um desafio para o século XXI.

Se o mundo pós-pandemia está em disputa, algumas reflexões vêm à tona: Como participar do presente e contribuir para as transformações do futuro? É possível espelhar uma cultura humanista, inclusiva e civilizatória no futuro que está por vir?

Notem que tais reflexões estão situadas em meio às experiências reais de um presente vivido – o que é um desafio para a prospecção de futuro. Ainda assim, algumas reflexões já se configuram com clareza.

1.3. "EMOCIONÁRIO" DA PANDEMIA

Muitas são as vias de interpretação da realidade pandêmica. Aqui, ofertamos um caminho de reflexão possível. *A ideia é trazer a experiência das emoções e sentimentos, reconhecidos e vivenciados na pandemia, para o centro da escrita.*

As emoções são universais e "sentir é um privilégio do ser humano", bem lembra Rosa Collado Carracosa, ao tempo em que também destaca a importância de se reconhecerem e de se expressarem as emoções para o ganho de convivência e o melhor enfrentamento dos desafios da vida[17].

Mauricio Godinho, Constituição da República, Estado Democrático de Direito e Direito do Trabalho. *In:* DELGADO, Mauricio Godinho; DELGADO, Gabriela Neves. *Constituição da República e Direitos Fundamentais* – dignidade da pessoa humana, justiça social e Direito do Trabalho. 4. ed. São Paulo: LTr, 2017, p. 44-48.

17. CARRACOSA, Rosa Collado. *Prefácio. In:* PEREIRA, Cristina Núñez, VALCÁRCEL, Rafael R. *Emocionário:* Diga o que você sente. Tradução de Rafaella Lemos. Rio de Janeiro: Sextante, 2018. (grifos no original).

Para a autora,

> "Emoções são estados afetivos inatos e automáticos que afetam nosso corpo, nossa mente e nosso comportamento. (...). Sentimentos são a tomada de consciência dessas emoções. Eles servem para expressar nosso estado emocional de maneira mais racional para os outros e para nós mesmos".

A proposta de humanizar o debate e de identificar emoções e sentimentos como fios condutores da presente obra pareceu-nos intrínseca ao projeto de escrita compartilhada e de decantação da crise pandêmica.

Inspirados no dicionário de emoções de Cristina Núñez Pereira e Rafael R. Valcárcel, por eles denominado de "Emocionário"[18], apresentamos textos breves sobre as relações do sujeito no mundo pandêmico (com a natureza, o trabalho, a ciência, o estado, por exemplo) e, sobretudo, sobre como algumas emoções e sentimentos foram eventualmente extravasados nesse período de crise, sendo este o tônus da obra.

As análises foram desenvolvidas no tempo da pandemia, formuladas em respeito à miríade de estados de ânimo que nos tocaram à época da escrita, sem que fosse possível, por óbvio, um distanciamento do objeto de investigação, porque vivemos a pandemia, estando nela submersos.

Optamos por construir e experimentar um texto não usual no campo do Direito. Ou seja, não há pretensão de se estruturar um livro de base estritamente dogmática, apesar de

---

18. PEREIRA, Cristina Núñez, VALCÁRCEL, Rafael R. *Emocionário:* Diga o que você sente. Tradução de Rafaella Lemos. Rio de Janeiro: Sextante, 2018.

nos guiarmos pelos fundamentos teóricos do Direito, sobretudo os constitucionalizados.

Outro ponto a ser esclarecido é que este é um livro que dialoga significativamente com autores e teorias do campo das Humanidades, no conjunto utilizados como suporte para uma escrita interdisciplinar, livre e sem rótulos, a que nos propusemos a fazer.

Em acréscimo, é importante registrar que não houve intenção de se esgotarem as reflexões aqui propostas; primeiro, porque emoções e sentimentos nos tocam com vastidão, o que impossibilita uma escrita dual definitiva sobre o tema; segundo, porque emoções e sentimentos são próprios ao campo da subjetividade, se constituindo em franco movimento e, portanto, variando, em representações simbólicas e em graus de intensidade, ao longo da vida de cada pessoa; terceiro, porque a pandemia se apossou de uma realidade social de desigualdade sistêmica, com múltiplas variáveis e conflitos complexos e latentes, sobretudo para o sul global; e, quarto, porque o dinamismo pandêmico, com eventos recorrentemente superados e/ou modificados num curto espaço de tempo (como, por exemplo, a rápida velocidade do vírus e sua possibilidade constante de mutação), dificulta uma escrita pronta e acabada.

Para viabilizar o projeto idealizado, elegemos 08 (oito) emoções e/ou sentimentos refletidos na pandemia como fios condutores da obra. São eles: assombro, medo, tristeza, melancolia, desamparo, gratidão, tranquilidade e solidariedade.

Essa escolha se justifica, porque o processo de aprendizado se expande por todas as direções, sendo fortalecido por conexões emocionais (a emoção guia a atenção, por exemplo), sem prejuízo das fundamentações racionais do campo da Ciência, é claro.

Para a estruturação da obra, cada capítulo se concentra em uma emoção, com uma proposta cronológica que se aproxima "ao máximo da ordem natural", mas não absoluta, "em que ocorrem os sentimentos", em observância às lições de Cristina Núñez Pereira e Rafael R. Valcárcel[19].

Ao percorrer o catálogo das emoções indicadas, desde as de difícil e dolorosa assimilação até as nutritivas e apaziguadoras, a perspectiva é que possamos reconhecer o que nos toca na pandemia, o que conseguimos ver a partir dela e como avaliamos um processo que ainda está em curso.

Este caminho fará ainda mais sentido se ganharmos potência para disputar um "novo modo de vida", em contraposição à precariedade e à degradação do atual sistema capitalista, na linha já consolidada por Ricardo Antunes[20]. Afinal, o ser e o estar no mundo só têm significado se formos capazes de ultrapassar a esfera individual e suas demandas particularizadas, para nos imergirmos, ética e politicamente, no coletivo, e com pertencimento.

É infindável a capacidade do sistema capitalista de produzir barbáries. Ainda assim, se formos capazes de perseverar e de disputar um novo projeto de mundo, com prioridades políticas humanistas, inclusivas e civilizatórias, maiores serão as possibilidades de abertura para uma nova era, de fato potente e humana.

---

19. PEREIRA, Cristina Núñez, VALCÁRCEL, Rafael R. *Emocionário:* Diga o que você sente. Tradução de Rafaella Lemos. Rio de Janeiro: Sextante, 2018.

20. ANTUNES, Ricardo. *Coronavírus:* o trabalho sob fogo cruzado. São Paulo: Boitempo, 2020.

2

SÉCULO DE assombros

Em dezembro de 2019, as autoridades chinesas emitiram o primeiro alerta à Organização Mundial de Saúde (OMS) sobre uma série de casos de pneumonia de causa desconhecida, identificadas em Wuhan, capital e maior cidade da província de Hubei, na China, e para a qual não havia imunização específica. Mas o caos parecia longe demais. Assim, na outra ponta do globo, em alguma medida descrentes do problema que se avizinhava, insistíamos em seguir o calendário oficial e em manter os compromissos cotidianos previamente ajustados. Na outra ponta do globo, em alguma medida descrentes do problema que se avizinhava, insistíamos em seguir o calendário oficial e manter os compromissos cotidianos previamente justados.

Em janeiro de 2020, o código genético do novo coronavírus foi divulgado, na qualidade de informação pública: *Sars-Cov-2 é o vírus. A doença infecciosa dele decorrente é a Covid-19.*

Os arranjos típicos da "globalização humana facilitada pela aviação", em conjunto com a figura de um "vírus altamente contagioso, e, pior, com letalidade elevada em idosos e grupos de riscos", foram decisivos, conforme bem ressaltou Stefan Cunha Ujvari, para a ampliação das rotas de contágio pelos continentes[1].

O globo estava prestes a virar de ponta a cabeça.

Ainda em janeiro de 2020, a OMS notificou o primeiro caso de uma pessoa infectada pelo novo coronavírus fora da China. Na sequência, os EUA confirmaram o primeiro caso da doença. As contaminações seguiram-se como um rastilho, se espalhando por toda a China. Wuhan foi então isolada do mundo e suas fronteiras fechadas, com a OMS reconhecendo a condição de emergência sanitária em solo chinês. O novo coronavírus logo chegou à Europa, provocando um crescimento vertiginoso e não linear de contágios, em meio às dificuldades de se rastrear sua disseminação. Também disparou sobre os países do sul global. De canto a canto, em todo o mundo, as pessoas foram igualmente contaminadas por um estado de pânico inesperado. As pessoas foram igualmente contaminadas por um estado de pânico e de assombro generalizado.

O amplo cenário de crise sanitária fez com que a OMS elevasse o risco de contaminação de "moderado" para "alto". Logo na sequência, declarou a Covid-19 uma emergência de saúde pública internacional. Em fevereiro de 2020, o Brasil declarou a Covid-19 uma emergência de saúde pública de importância nacional[2].

1. UJVARI, Stefan Cunha. *História das epidemias*. 2. ed., 1ª reimpressão. São Paulo: Contexto, 2020. p. 297. Em acréscimo, consultar: UJVARI, Stefan Cunha. *Pandemias:* a humanidade em risco. 1.ed., 2ª reimpressão. São Paulo: Contexto, 2020. p. 309.
2. BRASIL. MINISTÉRIO DA SAÚDE. *Coronavírus – Linha do Tempo*. Disponível em: http://coronavirus.saude.gov.br/linha-do-tempo/ Acesso em: 14/02/2021.

As contaminações no mês de fevereiro de 2020 transcorreram em ritmo acelerado e em escala crescente, com casos de Covid-19 registrados em todos os continentes do globo, à exceção da Antártica. No correr dos dias, o prenúncio de um horizonte pandêmico se intensificava em razão dos contágios interconectados, em cadeia e fora de controle.

Em 11 de março de 2020, a OMS reconheceu a Covid-19 como a mais nova pandemia da história da humanidade[3].

Os noticiários, que antes pareciam retratar uma realidade tão distante e localizada, passaram a informar sobre um mundo global e contaminado, com uma nova figuração dada pela pandemia.

Alguns, ainda incrédulos, apostavam que, num curto espaço de tempo, a vida voltaria ao "normal". É que, conforme bem lembra Paolo Giordano, "sempre queremos saber as datas do começo e do fim das coisas. Estamos acostumados a impor nosso tempo à natureza, e não vice-versa"[4].

Mas seguimos por um caminho sem volta.

Diante do cenário epidemiológico, diversas ações foram adotadas para notificação, registro, investigação, recomendação e combate à Covid-19. Também nos mais variados protocolos de vigilância epidemiológica, foram indicadas medidas de precaução padrão de forma a mitigar a transmissão viral comunitária.

---

3. ONU NEWS. *Organização Mundial da Saúde declara novo coronavírus uma pandemia.* Disponível em: https://news.un.org/pt/story/2020/03/1706881. Publicado em: 11/03/2020. Acesso em: 05/08/2020.

4. GIORDANO, Paolo. *No Contágio*. Tradução de Davi Pessoa. Belo Horizonte: Editora Âyiné, 2020. p. 24.

Entre os parâmetros clínicos, de tratamento e de cuidados especializados, difundiram-se ações de "vigilância, rastreamento exaustivo de contatos, restrições de contato social, educação em saúde preventiva (etiqueta social em saúde e a higiene das mãos), adiamento de cirurgias eletivas", entre outras estratégias direcionadas a restringir a propagação da epidemia[5].

O estado de alerta veio num crescente e se generalizou dada a probabilidade de contaminação indiscriminada e em massa, sobretudo pela ausência de vacina, ainda no ano de 2020. Os epidemiologistas foram enfáticos ao esclarecer que as medidas de distanciamento social e de *lockdowns* fariam a diferença nas estatísticas, reduzindo os riscos de contágio. Também ficou claro que os hospitais não suportariam a superlotação de seus leitos e UTIS, já se antevendo o iminente colapso do sistema de saúde, como bem destacou Stefan Cunha Ujvari[6].

Longos períodos de quarentena, fronteiras fechadas, compromissos adiados ou cancelados, colocaram a vida cotidiana em suspenso. Em todos os lugares havia "mais silêncio do que o normal"[7].

---

5. BRASIL. MINISTÉRIO DA SAÚDE. Secretaria de Atenção Especializada à Saúde. Departamento de Atenção Hospitalar, Domiciliar e de Urgência. *Protocolo de manejo clínico da Covid-19 na Atenção Especializada à Saúde*, Departamento de Atenção Hospitalar, Domiciliar e de Urgência. 1. ed. rev. Brasília: Ministério da Saúde, 2020. Disponível em: https://bvsms.saude.gov.br/bvs/publicacoes/manejo_clinico_covid-19_atencao_especializada.pdf. Acesso em: 02/02/2021; BRASIL. MINISTÉRIO DA SAÚDE. Secretaria de Vigilância em Saúde. Departamento de Vigilância das Doenças Transmissíveis. *Protocolo de tratamento de Influenza:* 2017. [recurso eletrônico]. Brasília: Ministério da Saúde, 2018. Disponível em: http:/bvsms.saude.gov.br/bvs/publicacoes/protocolo_tratamento_influenza_2017.pdf. Acesso em: 02/02/2021.

6. UJVARI, Stefan Cunha. *História das epidemias*. 2. ed., 1ª reimpressão. São Paulo: Contexto, 2020. p. 7.

7 27 GIORDANO, Paolo. *No Contágio*. Tradução de Davi Pessoa. Belo Horizonte: Editora Âyiné, 2020. p. 11.

Acima de qualquer delimitação cronológica, teve início um "século de assombros"[8]. Não nos imaginávamos vivendo uma pandemia, era como se fosse algo impossível de acontecer, um destino improvável em tempos de avançada tecnologia digital.

O "mapa do contágio"[9], após oficializada a pandemia, ainda impressiona: segundo dados da OMS, o mundo contabilizou, em 23 de setembro de 2021, 229.858.719 casos confirmados de contaminação por Covid-19 e 4.713.54 mortes[10]. No Brasil, o Ministério da Saúde divulgou, em 23 de setembro de 2021, 21.308.178 casos confirmados de contaminação por Covid-19 e 592.964 vítimas fatais[11]. Estima-se, porém, que a soma de infectados e de mortos por Covid-19 seja bem maior, porque há subnotificações, além de indivíduos assintomáticos.

As estatísticas estarrecedoras se valem do fato de que a pandemia se projetou em uma civilização cujo alicerce é um "castelo de cartas"[12]. As desigualdades sociais sistêmicas, especialmente em países do sul global, como o Brasil, impediram que a população empobrecida, vulnerável e às margens de um sistema regulado de proteção social pudesse incorporar medidas rigorosas de quarentena.

---

8. Expressão de Henriqueta Lisboa, no poema Assombro. A respeito, consultar: LISBOA, Henriqueta. *Pousada do Ser*. São Paulo: Nova Fronteira, 1982.
9. GIORDANO, Paolo. *No Contágio*. Tradução de Davi Pessoa. Belo Horizonte: Editora Âyiné, 2020.
10. WORLD HEALTH ORGANIZATION. *Coronavirus (COVID-19) dashboard*. Genebra: WHO, 2021. Disponível em: http://covid19.who.int. Acesso em: 23 de setembro de 2021.
11. BRASIL. Ministério da Saúde. *Open Datasus. Banco de dados de síndrome respiratória aguda grave – SRAG 2020 – incluindo dados da COVID-19* [internet]. Brasília: Ministério da Saúde, 2021. Disponível em: https://covid.saude.gov.br/ Acesso em: 02 de agosto de 2021.
12. GIORDANO, Paolo. *No Contágio*. Tradução de Davi Pessoa. Belo Horizonte: Editora Âyiné, 2020. p. 11.

Desprovida de suporte estatal estruturado, capaz de assegurar condições de vida com dignidade, acesso à renda mínima, à água potável, ao saneamento básico, à alimentação nutritiva, ao trabalho protegido e aos cuidados básicos de saúde, a população pobre e da periferia foi altamente suscetível à contaminação.

Como a pandemia atingiu o mundo de forma muito desigual, potencializando ao máximo as desigualdades socioeconômicas, mostrou-se claramente necessário planejar políticas e intervenções de saúde global, conforme os desafios e as complexidades locais, especificidades históricas e culturais e experiências comunitárias e individuais. Tais medidas não se limitam, por óbvio, ao combate estrito ao novo coronavírus, apesar de imprescindível. É necessário ir além, ampliando as margens de atuação em saúde pública. Este é um *campo biopolítico*, ao invés de estritamente tecnocrático e gerencial, conforme bem alerta Francisco Ortega[13].

Nesse sentido, quaisquer abordagens de contenção e/ou de mitigação da pandemia devem ser implementadas em observância às demandas, particularidades e necessidades regionais ou locais. Não é cabível, assim, apenas replicar intervenções padronizadas e homogêneas em saúde, do norte global para o sul global[14].

13. ORTEGA, Francisco. Comunicação apresentada no webinário inaugural do Ciclo de Debates *O Futuro em Tempos de Pandemia: vida, sociedade e ciência*, promovido pela Universidade de Brasília (UnB), em 21 de maio de 2020. A respeito, consultar: ORTEGA, Francisco. *Lições do Brasil em saúde global em tempos de covid-19*. Portal de Conferências da UnB. Disponível em: https://conferencias.unb.br/index.php/ftp/ftp/search/authors/view?firstName=Francisco&middleName=&lastName=Ortega&affiliation=%3Cspan%3EUniversidade%20do%20Estado%20do%20Rio%20de%20Janeiro%3C%2Fspan%3E&country=BR Acesso em: 29/01/2021.

14. *Idem*. p. 2.

Em contraposição a uma perspectiva tecnocrática e gerencial de saúde pública global, Ortega ainda sugere algumas vias para o fortalecimento do papel da Medicina e da Saúde Pública no contexto pandêmico, sobretudo na América Latina e especificamente para a realidade brasileira. Entre as medidas almejadas, destaca o necessário "fortalecimento dos sistemas de saúde com foco na Atenção Primária", a fixação de "claras diretrizes para triagem de casos e até intervenções socioeconômicas e de saúde pública que diminuam as disparidades de classe e de raça e seus impactos na saúde", além do avanço da "agenda social", com especial suporte aos grupos mais vulneráveis[15].

O pesquisador vai além, esclarecendo que medidas de contenção e/ou de mitigação da pandemia devem ser estruturadas e aplicadas em consideração às complexidades locais, o que demanda, por certo, a validação da vigilância em saúde local. Nessa perspectiva, alerta que não são adequadas "intervenções de tamanho único" e de "cima pra baixo", sobretudo em direção ao sul global, dada as especificidades locais e históricas, além da variabilidade de cultura e de condições de vida, regra geral permeadas por elevados níveis de pobreza e de desigualdade[16].

O mesmo pesquisador ainda ressalta que, para o enfrentamento da Covid-19 em contextos de acirrada vulnerabilidade socioeconômica, como é o caso brasileiro, é preciso também articular pautas primárias no campo da saúde pública, assegurando, por exemplo, água, saneamento básico e amplo espectro de vacinação para todos.

Finalmente, destaca a importância da expansão dos grupos de ajuda mútua (ONGs e redes sociais diversas) em direção

15. ORTEGA, Francisco, *ob.cit.*, p. 2-3.
16. *Idem.* p. 3-4.

à mobilização e à sobrevivência na pandemia e para, em certa medida, suprir as insuficiências do poder público, sobretudo em países do sul global. Explica que são esses grupos de ajuda mútua que melhor conhecem a realidade local e as condições de vida da comunidade, tendo papel fundamental na auto-organização e articulação política de direitos. Por isso mesmo é que eles devem ser engajados nos projetos e intervenções de saúde global para o enfrentamento da pandemia nas localidades em que se constituem coletivamente[17].

Com a virada do primeiro ano da pandemia, em 2021, houve alguma trégua ao assombro que a todos contaminava, em razão da disponibilização de vacinas contra a Covid-19, com a expectativa de se alcançar, a médio prazo, a imunidade cada vez mais ampla da população.

No entanto, em países do sul global, e particularmente na realidade brasileira, o horizonte ainda se mostraria estreito. O descaso com a saúde pública; o esfacelamento das instituições e serviços públicos de saúde; a negligência no tocante aos protocolos científicos reunidos em torno do assunto; a insensata e obscurantista procura e divulgação de remédios alternativos, ao lado da negligência relativamente à importação de vacinas – tudo convergindo para uma injustificável lentidão nas campanhas de vacinação –, são fatores que perfazem, entre outros aspectos, algumas das mais relevantes circunstâncias que impedem a plena contenção do vírus.

Tais fatores também traduzem o irresponsável vácuo civilizatório criado por elites dirigentes, sobretudo no caso brasileiro. Inevitavelmente, assombros continuam a escorrer desse emaranhado caótico e pandêmico.

---

17. ORTEGA, Francisco, *ob.cit.*, p.3-4.

3

Medo no "Íntimo do mundo"

A pandemia da Covid-19 trouxe o medo para o "íntimo do mundo"[1], com implicações, concretas ou fantasiadas, das mais diversas ordens.

O medo, conforme descreve Luiz Eduardo Gunther, é um "estado emocional provocado pela consciência que se tem diante do perigo; aquilo que provoca essa consciência"[2]. Para Paulo Dalgalarrondo, trata-se de uma "característica universal dos animais superiores e do homem", comumente identificado como um "estado de progressiva insegurança e angústia, de

1. Expressão presente em verso de Luis Jungmann Girafa. A respeito, consultar: GIRAFA, Luis Jungmann. *Anônimos do Rossio*. Brasília: Sigla Viva, 2013.
2. GUNTHER, Luiz Eduardo. *Dicionário Básico de Citações*: frases sobre emoções, sentimentos, valores e virtudes. Curitiba: Juruá, 2019. p. 129.

impotência e invalidez crescentes, ante a impressão iminente de que sucederá algo que o indivíduo quer evitar, o que progressivamente se considera menos capaz de fazer"[3].

"O medo é, quase sempre, medo de algo"[4], revelando-se, assim, como uma emoção disparada pela "consciência que se tem diante do perigo"[5].

As pessoas tendem a digerir o medo sobre os ombros por formas e processos variados. Cristina Núñez Pereira e Rafael Valcárcel esclarecem que o medo pode paralisar e impedir a tomada de decisões, no campo da razão, mas também pode colocar o sujeito em movimento, mobilizado pelo alerta diante do perigo[6].

Por certo, as singularidades, histórias de vida, memórias e traçados psíquicos e de personalidade contribuem para a definição dos caminhos a serem trilhados quando cruzamos com o medo.

Com o medo, o corpo físico é turbinado para se contrapor a uma circunstância de perigo concreto, iminente ou imaginado. Entre outras reações fisiológicas desencadeadas pelo medo, as pessoas tendem a empalidecer, a ressecar os lábios, a ter contrações musculares involuntárias, como tremedeiras, e a disparar o coração[7].

---

3. DALGALARRONDO, Paulo. *Psicopatologia e Semiologia dos Transtornos Mentais*. 2.ed. Porto Alegre: Artmed, 2008. p. 170-171.
4. *Idem*. p. 167.
5. GUNTHER, Luiz Eduardo. *Dicionário Básico de Citações:* frases sobre emoções, sentimentos, valores e virtudes. Curitiba: Juruá, 2019. p. 129.
6. PEREIRA, Cristina Núñez; VALCÁRCEL, Rafael R. *Emocionário:* Diga o que você sente. Tradução de Rafael Lemos. Rio de Janeiro: Sextante, 2018. p. 44.
7. BRASIL ESCOLA. *Medo*. Disponível em: https:// brasilescola.uol.com.br/psicologia/medo.htm. Acesso em: 06/05/2021.

O medo é passageiro, quando a pessoa consegue digeri-lo, passar por ele e seguir em frente. Se o medo aumenta demais, e desproporcionalmente, tornando-se insuportável, com perda de controle sobre a emoção disparada, ele pode desencadear patologias.

Paulo Dalgalarrondo, com substrato em Mira Y Lópes, apresenta as dimensões do medo em seis fases, tipificando uma escala de emoções "de acordo com o grau de extensão e imensidão que neles alcançam as manifestações de inativação", desde as que são com maior facilidade processadas pelos sujeitos até aquelas capazes de adoecer quem as sente, considerado o espectro das fobias. As fases seriam as seguintes: prudência; cautela; alarme; ansiedade; pânico (medo intenso) e terror (medo intensíssimo)[8].

No contexto pandêmico, o medo se origina da experiência subjetiva, e também da construção social, com facetas imbricadas, não sendo possível estabelecer uma hierarquia entre elas. Temos muitos medos: medo da morte, medo de ter uma morte sofrida, medo do contágio, medo da solidão, medo do desemprego, medo do desamparo, entre tantos outros.

A morte é uma condição humana que a todos iguala, porque não existe vida sem morte, somos todos falíveis e mortais. Mas, ainda assim, pensar nas ameaças de contaminação e de morte por um vírus contagioso e inclemente provoca altos níveis de estresse; afinal, todos nós temos senso de autopreservação.

As perdas variadas revelam, em si, a impotência diante da pandemia e o risco crescente de contaminação. É como se

---

8. MIRA Y LÓPES, E. *Psicologia Geral*. São Paulo: Melhoramentos, 1974. Apud DALGALARRONDO, Paulo. *Psicopatologia e Semiologia dos Transtornos Mentais*. 2.ed. Porto Alegre: Artmed, 2008. pp. 170-171.

o risco da morte fosse, aos poucos, se aproximando de todos nós. É como se fosse possível enxergar a morte por perto e de perto, o que causa medo e, para alguns, pavor.

O medo de contrair a doença viral é, para muitos, permanente. E para lidar com os riscos de contaminação, fomos todos direcionados a investir em hábitos higiênicos ligados às ideias de contaminação e de limpeza. Para alguns, incorporar e/ou amplificar hábitos de higiene e de limpeza foi um processo de adaptação possível e, de certa maneira, tranquilo. Já outros ficaram impactados e rigorosamente obsessivos com as recomendações prescritas.

O medo também ronda os vulneráveis, cujas condições de vida precária regra geral impedem a incorporação das exigências protocoladas na pandemia. Essa é a hipótese, por exemplo, das comunidades carentes que não têm acesso a saneamento básico, com água limpa e potável, além de sistema de esgoto estruturado, condições imprescindíveis para se criarem e se manterem hábitos de limpeza e de higiene rotineiros.

A condição de distanciamento social, importante medida para se evitar a proliferação do novo coronavírus, também vem provocando medo, e tantas outras pressões emocionais, diante das dificuldades de se viver, a médio e longo prazo, num cenário de horizonte encurtado.

Muitos ficaram exaustos e sufocados com a sensação de confinamento, impactados pela fragilidade da vida.

Queremos a socialização nas cidades, mas também temos medo das ruas, assim como das pessoas mascaradas que entrecruzam os caminhos por onde passamos. É que a sensação de risco e de impotência diante de um vírus altamente contagioso é muito forte.

Para aqueles que têm a oportunidade – e o benefício – de praticar o distanciamento social, ficar em casa entre quatro paredes, com limitações na capacidade de movimentar o corpo e de interagir socialmente, muitas vezes provoca o medo da solidão, que se esfumaça pela casa.

Em contrapartida, para pobres e vulneráveis, as regras de isolamento social são um grande desafio. O número de pessoas vivendo no mesmo espaço, por metro quadrado, é muito alto em um país tão desigual e injusto como o Brasil. Muitos precisam sair e trabalhar fora para sobreviver, porque não possuem reservas financeiras em circunstâncias de crise. Quase sempre se deslocam para o trabalho em transportes públicos lotados. Quando voltam para casa, naturalmente ampliam os riscos de transmissão viral, impossibilitados de seguirem à risca as regras de isolamento social. E mesmo que tenham medo, trabalhar para garantir o alimento é um imperativo de sobrevivência. É uma batalha diária. A fome tem pressa.

Para Ricardo Antunes, essa visceral contradição pandêmica experimentada pela classe trabalhadora (desempregados, informais, intermitentes, uberizados, subutilizados, terceirizados, por exemplo) os coloca sob "fogo cruzado": é preciso que pratiquem o isolamento social e a quarentena para evitarem a contaminação; porém, precisam urgentemente trabalhar, porque não têm direitos sociais resguardados e somente são remunerados quando executam algum tipo de trabalho[9].

A batalha vai além. Para a elite, apesar do medo do contágio, há alguma margem de segurança pelo fato de ela usufruir de planos de saúde e de recursos privilegiados em hospitais e

9. ANTUNES, Ricardo. *Coronavírus*: o trabalho sob fogo cruzado. São Paulo: Boitempo, 2020.

clínicas particulares. Já para pobres e vulneráveis, para além do medo do contágio, há também o medo de não se ter acesso ao sistema público de saúde.

Ou seja, se para alguns há medo de como se processará a internação, garantida em caso de contágio, para outros, há medo do desamparo social, da falta de acesso ao direito à saúde, da falta de leitos. E, se não bastasse, viabilizada a internação, há também dúvida se o doente terá acesso a uma infraestrutura médico-hospitalar adequada, tamanha a precariedade do sistema de saúde atual.

O medo do desamparo social se retroalimenta da crise econômica já instalada há vários anos no Brasil. No período pandêmico houve aumento exponencial do desemprego, o que impactou milhares de lares. Muitos tiveram significativa perda de fonte de renda, o que provocou endividamentos vertiginosos e, para alguns, a impossibilidade de sustento básico.

A falta de recursos e o desamparo estatal dificultam a vivência de uma vida saudável e protegida. São muitas as faltas a provocarem desgastes emocionais, físicos e financeiros.

No campo das relações de trabalho, as formas de subjetivação impostas pelo toyotismo e pelo capitalismo digital, com demandas por desempenho e produtividade, somadas à precarização do trabalho, também estão ancoradas no medo enquanto instrumento de gestão.

As sombras do medo ainda se fazem presentes entre aqueles que seguem trabalhando na linha de frente da pandemia e que temem o contágio viral.

Na pandemia, nos impressionou a realização de alguns trabalhos essenciais sem que fossem garantidos suportes físico e emocional adequados para os trabalhadores. É o caso dos coveiros, por exemplo.

Sabe-se que o trabalho com a morte é entremeado de "tabus", sendo comumente relacionado a trabalhos estigmatizados e desvalorizados, cujas tarefas são, em regra, desprestigiadas e invisibilizadas pela sociedade. Os coveiros são responsáveis pela abertura de sepulturas, manipulação e preparação de cadáveres, além do próprio enterro. Se não bastassem os riscos de contágio físico, é preciso ainda refletir sobre a saúde mental desses trabalhadores, sobre os impactos emocionais causados pela exposição prolongada, frenética e em grande escala à morte[10].

Não restam dúvidas de que a pandemia escancarou um cenário complexo e permeado por incoerências e desigualdades sociais sistêmicas, retratando e impulsionando vivências de medo nas esferas pública e privada, individual e coletiva.

São muitos os medos e as preocupações com os próximos passos a serem dados na pandemia.

Por quanto tempo viveremos com medo?

Algumas vias são essenciais para conter o medo, sobretudo em tempos pandêmicos. Um dos caminhos possíveis está na adoção de medidas práticas de proteção na vida cotidiana. Afinal, entre os avessos da face do medo está a proteção.

Como bem sinaliza Pascale Molinier, "lutar eficientemente contra o medo implica agir antes que ele se manifeste"[11]. Ou seja, no plano individual, acreditamos que uma postura de prudência pode contribuir para se alcançar alguma margem

---

10. MONTEIRO, Daniel Francisco Bastos; PEREIRA, Verônica Fujise; OLIVEIRA, Laureane Leopoldino de; LIMA, Oscar Palma; CARRIERI, Alexandre de Pádua. O Trabalho Sujo com a Morte: o estigma e a identidade no ofício de coveiro. In: *RIGS – Revista Interdisciplinar de Gestão Social*. v.6. n.1, jan./abr. 2017, p. 77-998. www.rigs.ufba.br. p. 85.

11. MOLINIER, Pascale. *O Trabalho e a Psique – Uma Introdução à Psicodinâmica do Trabalho*. Tradução de Franck Soudant. Brasília: Paralelo 15, 2013. p. 223.

de segurança e de contenção do risco e, com isso, aplacar o medo. No entanto, ainda assim, há de se considerar a imprevisibilidade da vida.

Por certo, ainda que estejamos submersos e embaçados pelo tempo pandêmico, o autoconhecimento é importante contribuição para o processo de transmutação do medo e de ressignificação da vida em espaços de tranquilidade.

No plano coletivo, é urgente a articulação estatal de políticas públicas coordenadas que assegurem o acesso a direitos fundamentais capazes de espelhar um mundo compartilhado e uma cultura humanista, inclusiva e civilizatória para todos.

A ineficiência e limitações do mercado econômico para atender à multiplicidade de necessidades das pessoas - ineficiência e limitações amplamente comprovadas nesta fase pandêmica - demonstram o acerto do constitucionalismo mais moderno, estruturado depois da Segunda Grande Guerra, à base do Estado Democrático de Direito, e concretizado no Estado de Bem-Estar Social, no sentido de organizar uma rede pública de proteção e inclusão dos seres humanos, apta a atuar no cotidiano da vida social, tanto nos momentos de crise como em quaisquer instantes da vida das pessoas e das sociedades.

A Constituição de 1988, aliás, também fez essa sábia escolha para o Brasil, embora esteja, lamentavelmente, sendo solapada pela ação ou omissão das elites brasileiras nos últimos anos.

4

Tristeza de um tempo de luto

A tristeza é um "estado sentimental definido pela falta de alegria, pela melancolia", em que prevalecem estados de "prostração, desalento, consternação, misantropia, melancolia, languidez, desânimo, abatimento, esmorecimento, tristura"[1].

A tristeza, seja ela passageira ou duradoura, provoca uma diminuição da energia vital nas mais variadas formas e intensidades[2]. Um dos gatilhos mais comuns a despertar a tristeza é a perda de um ente querido. Nessa circunstância, a pessoa

1. GUNTHER, Luiz Eduardo. *Dicionário Básico de Citações:* frases sobre emoções, sentimentos, valores e virtudes. Curitiba: Juruá, 2019. p.199-200.
2. PEREIRA, Cristina Núñez; VALCÁRCEL, Rafael R. *Emocionário:* Diga o que você sente. Tradução de Rafael Lemos. Rio de Janeiro: Sextante, 2018. p.28.

fica encolhida, com o corpo alagado de dor. E esse mergulho na dor da ausência tende a provocar isolamento, apatia e uma incapacidade para a realização das tarefas cotidianas.

Transmutar o luto em saudade, para que seja possível retomar a vida e o viver a partir de novos significados e de um novo lugar no mundo, depende da acolhida do tempo de luto e do reconhecimento da "morte como parte da vida", bem ensina Ana Cláudia Quintana Arantes[3].

Respeitar a dor da perda, a concretude de um vazio definitivo e o silêncio encharcado de ausências abre novos espaços para que a voz, outrora abafada pela dor, se potencialize em novas linguagens.

O luto é *privado* quando uma pessoa, individualmente considerada, tem reações de tristeza, pesar e sofrimento diante de uma perda significativa no contexto de sua vida íntima. Já o luto *coletivo* se faz presente quando o sentimento de orfandade alcança toda a sociedade, que se percebe enlutada diante de uma perda relevante e de simbologia destacada para o coletivo[4].

Aureliano Biancarelli e Kátia Stringueto explicam que no "luto coletivo é permitido demonstrar a tristeza sem censura", chorar em público e extravasar emoções. Ponderam que, "mesmo sem perceber, o luto coletivo é uma chance para entrar em contato com o luto privado, muitas vezes reprimido

3. ARANTES, Ana Cláudia. *A morte é um dia que vale a pena viver*. Rio de Janeiro: Sextante, 2019, p. 49. Consultar, ainda: ARANTES, Ana Cláudia Quintana. *Histórias lindas de morrer*. Rio de Janeiro: Sextante, 2020.

4. BIANCARELLI, Aureliano; STRINGUETO, Kátia. *Luto coletivo permite tristeza sem censura*. Folha de São Paulo. Cotidiano. Disponível em: http://www1.folha.uol.com.br/fsp/cotidian/ff0803200113.htm. Publicado em: 08/03/2021. Acesso em: 04/05/2021.

por uma espécie de defesa pessoal ou até por mudanças da sociedade atual que tornaram os rituais de despedida mais curtos e superficiais"[5].

De fato, em tempos pandêmicos e com a enxurrada de mortes que a todos assola, o luto se introjetou definitivamente no cotidiano coletivo, estando demarcado por uma perspectiva política, sobretudo em face das condições de vulnerabilidade que estruturam as disparidades da pandemia.

Nessa direção, Judith Butler discorre sobre como a sociedade se enluta pela morte em massa no curso da pandemia, e em que medida esse luto é um ato político:

> "Aprender a enlutar-se pelas mortes em massa significa marcar a perda de alguém cujo nome você não sabe, cuja língua você talvez não fale, que vive a uma distância intransponível de onde você mora. (...). Não é preciso conhecer a pessoa perdida para afirmar que isso era uma vida. O que se lamenta é a vida interrompida, a vida que deveria ter tido a chance de viver mais, o valor que a pessoa carrega agora na vida dos outros, a ferida que transforma permanentemente aqueles que sobrevivem. O sofrimento de um outro não é o seu próprio, mas a perda que o estranho suporta atravessa a perda pessoal que sente, potencialmente conectando estranhos em luto"[6].

---

5. BIANCARELLI, Aureliano; STRINGUETO, Kátia. *Luto coletivo permite tristeza sem censura.* Folha de São Paulo. Cotidiano. Disponível em: http://www1.folha.uol.com.br/fsp/cotidian/ff0803200113.htm. Publicado em: 08/03/2021. Acesso em: 04/05/2021.

6. BUTLER, Judith. *O luto é um ato político em meio à pandemia e suas disparidades.* Entrevista concedida à Carta Maior. Disponível em: https:// www.cartamaior.com.br/?/Editoria/Pelo-Mundo/Judith-Butler-O-luto-e-um-a-to-politico-em-meio-a-pandemia-e-suas-disparidades/6/47390. Publicado em: 04/05/2020. Acesso em 23/04/2021.

Não há cronologia possível para o tempo do luto, ele se constrói no tempo da vida, por estágios (choque, negação, desespero e recuperação, por exemplo) que podem se fazer presentes e interligados na experiência da perda[7].

Quanto aos rituais do luto, há consenso de que eles exercem uma "função terapêutica", por contribuírem para a pacificação das emoções conexas à dor e à tristeza da perda, revelando-se imprescindíveis para a pessoa se restabelecer no mundo, retomar o equilíbrio e se curar[8].

Ao mesmo tempo em que os rituais fúnebres são em si uma demonstração da importância daquele que se foi, uma espécie de homenagem no rito de passagem, cumprem também papel fundamental para aqueles que dele participam, porque são "experiências que se caracterizam por construírem elos entre o passado e o futuro", abrindo espaço ao "sentido de continuidade da vida"[9].

No entanto, com a pandemia, o direcionamento prevalecente foi o de não realização de velórios, com restrições rígidas nos sepultamentos, com o objetivo de minorar os riscos

---

7. SOUZA, Christiane Pantoja de; SOUZA, Airle Miranda de. Rituais Fúnebres no Processo do Luto: significados e funções. *In*: *Psicologia*: Teoria e Pesquisa. Brasília, V. 35, 2019; GENNEP, Arnold Van. *Os Ritos de Passagem*. 2.ed. Trad. Mariano Ferreira. Petrópolis: Vozes, 2011.

8. BIANCARELLI, Aureliano; STRINGUETO, Kátia. *Luto coletivo permite tristeza sem censura*. Folha de São Paulo. Cotidiano. Disponível em: http://www1.folha.uol.com.br/fsp/cotidian/ff0803200113.htm. Publicado em: 08/03/2021. Acesso em: 04/05/2021.

9. BARRETO, Raquel de Oliveira; GUIMARÃES, Ludmila de Vasconcelos; CALDEIRA, Michele de Castro. Da "Reinvenção" dos Rituais: o trabalho do luto em meio à pandemia da Covid-19. *In*: NASCIUTTI, Jacyara Rochael; CARRETEIRO, Teresa Cristina; GUIMARÃES, Ludmila de Vasconcelos M. (Orgs.). *Janelas da Pandemia*. Belo Horizonte: Editora Instituto DH, 2020. p. 437.

de contaminação no manejo dos corpos das vítimas e evitar aglomerações nas cerimônias fúnebres[10].

Diante desse novo contexto pandêmico, há real dificuldade de se vivenciar o ritual do luto em sua completude, o que faz com que a cerimônia fúnebre seja extremamente rápida, envolvendo poucos, ou sequer seja efetivamente concretizada. Por certo, para muitos, causa assombro o luto não experimentado, diante da impossibilidade de se cumprirem os clássicos rituais funerais e de se construir uma memória detalhada do aceno final[11].

No período de picos de mortes, sobretudo para os mais vulneráveis, os enterros muitas vezes são realizados a toque de caixa, com corpos depositados em caixões lacrados, incinerados ou enterrados em covas rasas e objetificados em indicadores.

Em entrevista, Edson Pavani relembra a morte como uma questão humana eivada de emoções e subjetividades. Procura ainda demonstrar as distorções do sistema, que desarticula a vivência de morte na pandemia ao instrumentalizá-la à condição de um mero indicador do "mercado da morte":

> "(...) esse número passa a ser um indicador, você começa a olhar para ele de uma forma funcional – é o tempo que falta para dar o pico, o tempo que falta para a curva abaixar, quanto tempo falta para gente sair da quarentena – mas esse número,

10. *Idem*. p. 437.

11. BIRMAN, Joel. *Pós-quarentena no divã: 'Desejo de viver intensamente, como se a vida tivesse ficado devendo', diz psicanalista.* Entrevista concedida ao Jornal O Globo. 18/07/2020. Disponível em: https://oglobo.globo.com/cultura/pos-quarentena-no-diva-desejo-de-viver-intensamente-como-se-vida-tivesse-ficado-devendo-diz-psicanalista-24539388 Publicado em: 18/07/2020. Acesso em: 04/03/2021.

> que vai perdendo o significado e adquirindo outros significados, é a quantidade das pessoas que morrem"[12].

Assim, tratar os mortos como dados estatísticos, sem reconhecê-los e rememorá-los em sua existência e humanidade, é também uma forma de se banalizar a morte, o falecido, o enlutado e todo o universo constitutivo do luto coletivo, na linha já bem esclarecida pelo autor[13].

Ainda que se procure desumanizar a morte e os rituais de passagem, o clima fúnebre está entranhado na atmosfera do tempo presente, espalhando dor, tristeza e sofrimento. Conforme bem lembra Joel Birman, na realidade pandêmica, os "mortos estão no ar, em todos nós"[14]. Assim, a morte, para além de ser uma questão individual, é também uma questão coletiva, já que a "perda de um estranho atravessa a todos nós" e, de alguma maneira, "conecta estranhos em luto"[15].

Inevitavelmente, a pandemia trouxe a morte para perto, situando-a no centro do cotidiano. Na linguagem, na dinâmica do dia a dia, na vestimenta (com as máscaras de proteção), nos

---

12. PAVONI, Edson. *Gente merece existir em prosa.* Entrevista concedida ao Projeto Vamos Falar sobre o Luto? Disponível em: http://vamosfalarsobreoluto.com.br/2020/05/11/gente-merece-existir-em-prosa/ Publicado em: 11/05/2020. Acesso em: 20/09/2020.
13. *Idem.*
14. BIRMAN, Joel. *Pós-quarentena no divã: 'Desejo de viver intensamente, como se a vida tivesse ficado devendo', diz psicanalista.* Entrevista concedida ao Jornal O Globo. 18/07/2020. Disponível em: https://oglobo.globo.com/cultura/pos-quarentena-no-diva-desejo-de-viver-intensamente-como-se-vida-tivesse-ficado-devendo-diz-psicanalista-24539388 Publicado em: 18/07/2020. Acesso em: 04/03/2021.
15. SCHWARCZ, Lilia. *A morte da morte: reflexões sobre 100 mil vidas perdidas.* Disponível em: https://www.nexojornal.com.br/colunistas/2020/A-morte-da-morte-reflexões-sobre-100-mil-vidas-perdidas. Publicado em: 10/08/2020. Acesso em: 13/08/2020.

hábitos higiênicos (com a demanda para se lavarem as mãos a todo tempo e borrifar álcool), a perspectiva da finitude alcançou o plano imediato, sendo todos – crianças, jovens, adultos e idosos – colocados a pensar diariamente a consciência da vida, da existência e da dor existencial.

A tristeza também acompanha quem adoece em condições de sufoco e vê a morte de perto.

Sabe-se que a morte por Covid-19 é, em regra, uma morte dura, inóspita, que sufoca e agoniza o adoecido com falta de ar. Para aqueles hospitalizados, e que não se recuperam, tende a ser uma morte solitária, longe das pessoas que se ama, ao som de equipamentos de monitoração.

Esse contexto, que em regra impossibilita a vivência da finitude da vida a partir de uma perspectiva de "boa morte", suave e humanizada, na linha do conceito de kalotanásia, bem esclarecido por Ana Cláudia Quintana Arantes[16], também provoca medo e apreensão.

Não há dúvidas de que a impotência diante de um quadro de mortes em escala e com sofrimento é avassaladora, abrindo frestas para uma tristeza profunda diante do que se perdeu e do que não se pode reparar em vida.

---

16. ARANTES, Ana Cláudia Quintana. *Histórias lindas de morrer*. Rio de Janeiro: Sextante, 2020. p. 214-216.

5

FREQUÊNCIA *melancólica*

Estamos expostos, fragilizados e submersos a uma realidade que não se esperava viver. Na demora dos dias intermináveis e comprimidos pelos noticiários da pandemia, ainda tentamos tomar ar. Vivemos tempos melancólicos.

A melancolia, para Freud, é caracterizada

> "[...] por um desânimo profundamente doloroso, uma suspensão do interesse pelo mundo externo, perda da capacidade de amar, inibição de toda atividade e um rebaixamento do sentimento de auto-estima, que se expressa em auto-recriminações e autoinsultos, chegando até à expectativa delirante de punição"[1]

---

1. FREUD, Sigmund. *Luto e melancolia*. Tradução de Marilene Carone. Novos Estudos, n. 32, mar. 1992, p. 131.

Amparadas nas lições freudianas, Gabriela Neves Delgado, Carolina Di Assis e Ana Luísa Gonçalves Rocha explicam que o luto, assim como a melancolia, comporta um "estado de ânimo de sofrimento profundo em relação à perda". A diferença é que, no luto, a perda é concretizada, dita em palavras. Na melancolia, está-se preso à "perda de um objeto de natureza ideal" e de "difícil identificação, porquanto não é possível vislumbrar clara e conscientemente aquilo que se perdeu". Em acréscimo, a melancolia também perturba o sentimento de auto-estima, o que não se aplica ao luto[2].

Também com respaldo na teoria freudiana, as autoras retratam o sentimento de melancolia, derivado de uma "perda desconhecida", que pode nos aprisionar em vida:

> "Essa perda desconhecida se traduz em um rebaixamento extremo da auto-estima, no empobrecimento e no esvaziamento do próprio ego, que é entendido pelo sujeito adoecido como "indigno, incapaz e moralmente desprezível". Assim, o sujeito melancólico rebaixa-se, recrimina-se, insulta-se, espera a rejeição e resigna-se diante de sua situação, em um quadro de "delírio de inferioridade", a que pode se acrescentar a insônia, a recusa de alimento e a ausência de apego à vida".[3]

2. DELGADO, Gabriela Neves; DI ASSIS, Carolina; ROCHA, Ana Luísa Gonçalves. A Melancolia no Teletrabalho em Tempos de Coronavírus. *In*: *Revista do Tribunal Regional do Trabalho da 3ª Região*. Edição Especial: COVID-19 e a efetivação dos direitos inerentes ao trabalho humano. Tomo I. jul. 2020. p.186. *Apud*: FREUD, Sigmund. *Luto e melancolia*. Tradução de Marilene Carone. Novos Estudos, n. 32, mar. 1992.
3. DELGADO, Gabriela Neves; DI ASSIS, Carolina; ROCHA, Ana Luísa Gonçalves. A Melancolia no Teletrabalho em Tempos de Coronavírus. *In*: *Revista do Tribunal Regional do Trabalho da 3ª Região*. Edição Especial: COVID-19 e a efetivação dos direitos inerentes ao trabalho humano. Tomo I. jul. 2020. p. 186. *Apud*: FREUD, Sigmund. *Luto e melancolia*. Tradução de Marilene Carone. Novos Estudos, n. 32, mar. 1992. p.133. (grifos no original).

No campo da literatura, inspirados na poesia de Alberto Bresciani, parece-nos que, na melancolia, "chovemos por dentro"[4], submersos em desânimo, apatia, opressão e passividade, por uma condição desconhecida do não vir a ser.

A melancolia é também muito bem descrita por Natalia Ginzburg, na obra "As pequenas virtudes". A partir de trivialidades do cotidiano inglês, a escritora desvela uma "melancolia caprina, atônita" ali presente, "uma espécie de estupor vazio, sobre a qual flutuam na superfície as discussões sobre o tempo e as estações, sobre todas as coisas acerca das quais é possível falar sem nunca ir ao fundo, sem ofender e sem ser ofendido, um longo e leve zumbido de pernilongo". É como se houvesse uma frequência melancólica agarrada às cenas mais prosaicas, a razão de tanto desolamento[5].

Para Cristina Núñez Pereira e Rafael Valcárcel, "quando estamos melancólicos, sentimos que o mundo em que vivemos é um lugar muito distante e difícil de alcançar". Segundo explicam, os períodos de mudanças são propícios à melancolia[6].

De fato, as mudanças cotidianas provocadas pela pandemia e as incertezas dela derivadas trouxeram um tempo de melancolia e um estado afetivo melancólico permanentes, capazes de nos paralisar e de bloquear o desejo de agir.

No campo das relações de trabalho, o que se observa é que, em acréscimo à condição melancólica forjada pela própria

---

4. BRESCIANI, Alberto. *Sem Passagem para Barcelona.* Rio de Janeiro: José Olympio, 2015. p. 13-14.
5. GINSBURG, Natalia. *As pequenas virtudes.* Tradução de Maurício Santana Dias. São Paulo: Cosac Naify, 2015. p. 41.
6. PEREIRA, Cristina Núñez, VALCÁRCEL, Rafael R. *Emocionário:* Diga o que você sente. Tradução de Rafaella Lemos. Rio de Janeiro: Sextante, 2018. p. 62.

vivência do período pandêmico, os trabalhadores também sofrem melancólicos ao serem submetidos a modelos de gestão que priorizam a mercantilização, o produtivismo e o consumo.

É que nas relações de trabalho fundadas no "discurso capitalista colonial predominante", com demandas exacerbadas e intermináveis de modelos de gestão que desconsideram, invisibilizam e anulam o sujeito, vários aspectos deletérios à saúde mental se fazem presentes. Assim, no real do trabalho, as lógicas do "trabalho e cale-se" e do "jogo do surdo-mudo", muito bem delineadas por Ana Magnólia Mendes, adoecem e melancolizam o trabalhador[7].

Na pandemia, com a imposição de *lockdowns* e de medidas de distanciamento, houve significativa mudança nas lógicas geográfica (em sua interface tempo e espaço) e funcional das relações de trabalho, sendo que muitas delas migraram do sistema presencial para o virtual, com base nos regimes de teletrabalho e de *home office*.

Embora o teletrabalho possibilite flexibilidade de horários, economia financeira e ambiental pela redução e/ou eliminação de deslocamentos, além da perspectiva de "conciliação" entre as demandas pessoais e profissionais, é também cenário propício à configuração de danos à saúde física e mental do trabalhador e à eliminação de direitos trabalhistas e previdenciários[8].

---

7. MENDES, Ana Magnólia. *Desejar, Falar, Trabalhar*. Porto Alegre, RS: Editora Fi, 2018; MENDES, Ana Magnólia; VIVÈS, Jean-Michel. Voz do supereu e melancolização no trabalho que adoece. *In*: COELHO, Rosana; MOTTA, Diego Airoso da (Orgs). *Psicanálise & Trabalho: retratos do contemporâneo*. Memorial da Justiça do Trabalho no Rio Grande do Sul. Porto Alegre: Tribunal Regional do Trabalho da 4ª Região, 2020. p. 190.
8. Conforme: FINCATO, Denise. Saúde, higiene e segurança no teletrabalho. *Revista Brasileira de Direitos Fundamentais & Justiça*, v.3, n.9, p.101-123,

Na perspectiva da subjetividade, o isolamento social, a sobrecarga de funções, a intensificação da dupla jornada de trabalho, a sobrejornada de trabalho, o desrespeito aos intervalos de descanso e a dificuldade de coesão coletiva tendem, em seu conjunto, a esgotar o trabalhador, podendo causar ou agravar doenças psicossomáticas e sofrimentos psíquicos.

A dinâmica do teletrabalho também reforça a desigualdade de gêneros, "dentro de uma lógica que perpetua uma série de problemas estruturais, patriarcais e interseccionais que marcam o trabalho feminino". Assim, para muitas mulheres, o teletrabalho, na pandemia, resultou em um acúmulo desmedido de tarefas profissionais e domésticas, na realização exaustiva de trabalhos de cuidado e de *home schoolling*, ainda que não tivessem preparo técnico para tanto[9].

O teletrabalho desnudou, ainda, a estrutura patriarcal e machista em que vivem muitas famílias, inseridas em espaços não funcionais, com cenários de sobrecarga e má distribuição de tarefas, sobretudo em desrespeito às mulheres que ali vivem. Essas casas também são palco, em alguns casos, de modelos de servidão e de escravidão enraizados nas relações de

---

2009. Disponível em: http://dfj.emnuvens.com.br/dfj/article/view/467 Acesso em: 10/12/2020; ANTUNES, Ricardo. *O privilégio da servidão*: o novo proletariado de serviços na era digital. São Paulo: Boitempo, 2018; DELGADO, Mauricio Godinho; DELGADO, Gabriela Neves. *A Reforma Trabalhista no Brasil*: com os comentários à lei n. 13.467/2017. 2.ed. São Paulo: LTr, 2018; DELGADO, Gabriela Neves; DI ASSIS, Carolina; ROCHA, Ana Luísa Gonçalves. A Melancolia no Teletrabalho em Tempos de Coronavírus. *In*: *Revista do Tribunal Regional do Trabalho da 3ª Região*. Edição Especial: COVID-19 e a efetivação dos direitos inerentes ao trabalho humano. Tomo I. jul. 2020.

9. DELGADO, Gabriela Neves; MIRAGLIA, Lívia Mendes Moreira. Casulos de Vidro das Trabalhadoras em *Home Office*. *In*: *Revista da Faculdade Mineira de Direito*. Dossiê "O desafio do trabalho feminino e sua relação como o Direito: entre o trabalho de cuidado, emocional e de (re)produção". v. 24, n. 47. Belo Horizonte: 2021, p. 31.

trabalho domésticas e de cuidado, não raras vezes com apropriação ilícita e abusiva de trabalho infantil.[10]

É fato que as atuais circunstâncias do teletrabalho resultam na precariedade da dinâmica de trabalho virtual e em melancolia. O fato de o trabalhador se envolver em um trabalho sem descanso, de disponibilidade ininterrupta, protocolos hirtos e de conexão digital interminável, o torna impotente e paralisado, submerso em espaços de faltas e silêncios angustiantes que o fazem gritar por dentro.

O teletrabalho também dificulta o reconhecimento do trabalho como um lugar vivo, pleno de identidade coletiva, porque sua dinâmica traz, em si, os signos do isolamento e da desagregação. Dessa forma, a ação político-sindical, que é um dos pilares do Direito do Trabalho, perde força, tendo o trabalhador dificuldade de se articular coletivamente a partir dos padrões de resistência coletiva tradicionalmente reconhecidos.

Por certo, os desafios impostos pela tecnologia digital – inclusive na perspectiva do teletrabalho, mas não somente a partir dele –, obrigarão os sindicatos a pensarem novos modos de organização e de mobilização coletivas, que efetivamente possam lhes assegurar autonomia e representação dos interesses diversificados da classe trabalhadora.

Retomando a análise da melancolia, a partir do prisma da subjetividade, destacamos as reflexões apresentadas por Ana Magnólia Mendes e Jean-Michel Vivès, que ensinam que a abertura de novas sendas, em contraposição ao discurso capitalista colonial predominante, depende de se situar o

10. DELGADO, Gabriela Neves; DUTRA, Renata Queiroz; SANTANA, Raquel. Racismo institucional: o que é essencial em tempos de pandemia? *In:* Jota – Opinião & Análise. Disponível em: Racismo institucional: o que é essencial em tempos de pandemia? | JOTA Info. Acesso em: 18/07/2021.

trabalhador como "sujeito invocante", para que ele possa falar e se fazer escutar nas relações de trabalho. Ainda segundo os autores, a escuta clínica seria um espaço privilegiado para que o trabalhador se reconheça em sua condição de humanidade e como sujeito ético-político, auxiliando-o a ganhar potência, para assim abandonar o estado melancólico que o absorve no cotidiano de trabalho[11].

Gabriela Neves Delgado articula e interconecta as lições da Psicodinâmica do Trabalho ao Direito do Trabalho. Para a autora, no plano jurídico, o intérprete do Direito, em suas várias frentes jurídico-institucionais de atuação, deve assumir o papel de "sujeito invocante", responsabilizando-se pela efetivação dos direitos fundamentais trabalhistas nas relações de trabalho. Assim explica:

> "É pela efetivação dos direitos fundamentais trabalhistas nas relações de trabalho que o trabalhador experimentará o *sentido de pertencimento constitucional* característico do direito fundamental ao trabalho digno. É também pela via da efetivação dos direitos fundamentais trabalhistas que haverá espaço e alternativas para a emancipação do humano, em relações de trabalho de alteridade e de reconhecimento".[12]

---

11. MENDES, Ana Magnólia; VIVÈS, Jean-Michel. Voz do supereu e melancolização no trabalho que adoece. *In*: COELHO, Rosana; MOTTA, Diego Airoso da (Orgs). *Psicanálise & Trabalho: retratos do contemporâneo*. Memorial da Justiça do Trabalho no Rio Grande do Sul. Porto Alegre: Tribunal Regional do Trabalho da 4ª Região, 2020. p.191, 196 e 203. Em acréscimo, consultar: MENDES, Ana Magnólia. *Desejar, Falar, Trabalhar*. Porto Alegre, RS: Editora Fi, 2018.
12. DELGADO, Gabriela Neves. *Apresentação da Revista LTr*. n.84. São Paulo, 2020. (grifos no original).

Ou seja, a efetivação de direitos fundamentais trabalhistas é absolutamente necessária para que o trabalhador ganhe proteção e pertencimento constitucional. Quando situado no centro do sistema de proteção constitucional trabalhista, há maior probabilidade de o trabalhador se refazer da vivência melancólica que o oprime, produzindo saídas características do "trabalho vivo", como o uso da criatividade, por exemplo. Nessa perspectiva, no campo do Direito do Trabalho, e especificamente em relação ao teletrabalho, é imprescindível concretizar-se os direitos à limitação da jornada e à desconexão em favor do teletrabalhador.[13]

Não há dúvidas de que a pandemia colocou o teletrabalho no centro do mundo em proporções antes não experimentadas. Mas ela também desnudou o "descompasso frequente entre a imagem que se pretende divulgar das relações de trabalho desenvolvidas sob a baliza das novas tecnologias digitais e a realidade delas derivada"[14].

Esse mesmo descompasso entre o tecnológico e o arcaico se repete nos trabalhos por aplicativos, com repercussões deletérias ao estado físico e psíquico do trabalhador que se ativa em plataforma digitais.

As plataformas digitais de prestação de serviços se desenvolveram com suporte nos avanços tecnológicos da Quarta Revolução Tecnológica, que oportunizaram um novo tipo de descentralização do processo produtivo e de redução de custos

13. Sobre o direito constitucional fundamental à limitação da jornada de trabalho para trabalhadores precarizados, consultar: LEMOS, Maria Cecília de Almeida Monteiro. O Dano Existencial nas Relações de Trabalho Intermitentes. São Paulo: LTr, 2020.

14. *DELGADO, Gabriela Neves. Ob.cit.*

trabalhistas, mediante demandas realizadas não por um único e exclusivo trabalhador, mas por um conjunto indefinido de trabalhadores, todos conectados às nuvens digitais e capitaneados pelos aplicativos[15].

Apesar do suporte tecnológico, os aplicativos impulsionam postos de trabalho precários e flexíveis, sustentando-se na narrativa do empreendedorismo para afastar qualquer ingerência regulatória justrabalhista. Sem proteção e sem direitos trabalhistas, os trabalhadores a eles submetidos se vêem diante de problemas seculares no campo das relações de trabalho: jornadas extenuantes, ausência de patamar remuneratório mínimo, falta de equipamentos de proteção individual, entre outros.

Com a pandemia, a entrega de produtos e serviços por aplicativos foi significativamente incrementada. Em meio aos riscos de contaminação, mas sob a premência do trabalho e respectiva remuneração, muitos trabalhadores seguiram nas ruas, em deslocamentos prolongados até o esmorecimento.

Por certo, relações de trabalho desprotegidas, sem a incidência de normas jurídicas protetoras - sejam estatais, sejam coletivas privadas -, a par dos necessários mecanismos de fiscalização, tornam-se espaços caóticos e desorganizados, indutores de interminável melancolia.

---

15. Conforme: ANTUNES, Ricardo (Org.). *Uberização, Trabalho Digital e Indústria 4.0*. São Paulo: Boitempo, 2020; ANTUNES, Ricardo. *O privilégio da servidão*: o novo proletariado de serviços na era digital. São Paulo: Boitempo, 2018; SLEE, Tom. *Uberização*: a nova onda do trabalho precarizado. São Paulo: Editora Elefante, 2017.

Esse cenário de trabalho, que produz e gerencia melancolia, também dificulta – ou até mesmo impede – o trabalhador de se ver e de se constituir, no tecido social, como *agente da ação política*, eis que marcado pela impotência e pela apatia.

Não há dúvidas de que a pandemia trouxe e denunciou o real do trabalho e a mercantilização do humano. Nesse contexto de crise amplificada, trabalhadores melancólicos ressoam em eco, oprimidos pelo fardo que carregam.

6

Desamparos NO TRABALHO

No campo das humanidades, há riqueza de formulações sobre o *desamparo*. Neste capítulo, refletiremos sobre o desamparo em perspectiva jurídica e mais precisamente na perspectiva do Direito do Trabalho.

Conforme esclarece o Dicionário Etimológico Nova Fronteira da Língua Portuguesa, a palavra *desamparo* deriva do latim *amparo*, sendo sua acepção a ele atrelada[1].

Na referência dicionarizada por Aurélio Buarque de Holanda Ferreira, *amparar* significa "dar ou servir de amparo a;

1. CUNHA, Antônio Geraldo da. *Dicionário Etimológico Nova Fronteira da Língua Portuguesa*. 2.ed. Rio de Janeiro: Editora Nova Fronteira, 1986. p. 41 e 250.

estear; escorar"; "proteger, patrocinar; favorecer"; "dar meios de vida a; sustentar"; "resguardar, defender"[2]. Já *desamparar* significa "deixar de amparar; não auxiliar; abandonar"; "deixar de sustentar, de segurar, de resguardar"; "afastar-se de; desertar, abandonar"[3].

Para Lucie Josephe De Lannoy, o termo *amparo* representa "o auxílio, o socorro, a responsabilidade de olhar por, favorecer". Em contraposição, o *desamparo* diz da falta de amparo, do abandono e do esquecimento, o "estar-se indefeso, sozinho"[4]. Trata-se, segundo Cristina Núñez Pereira e Rafael Valcárcel, de uma emoção que "nos invade quando nos sentimos desprotegidos ou achamos que não podemos contar com o apoio de ninguém"[5].

Lucie Josephe De Lannoy esclarece que, apesar de formalmente a palavra *desamparo* derivar, em diversas línguas e inclusive na língua portuguesa, da palavra *amparo*, a realidade altera e inverte essa noção, porque o desamparo é percebido como condição originária, sendo dele derivado o amparo. A partir dessa linha de raciocínio, a autora explica que é pela experimentação do *desamparo*, e pela sua própria negação, que

---

2. FERREIRA, Aurélio Buarque de Holanda. *Novo Dicionário da Língua Portuguesa*. 2.ed. Rio de Janeiro: Editora Nova Fronteira, 1986. p. 109.
3. *Idem*. p. 544.
4. DE LANNOY, Lucie Josephe. *O Espaço do Desamparo na Poesia de César Vallejo*. Dissertação de mestrado em Teoria Literária, do Departamento de Teoria Literária e Literaturas do Instituto de Letras da Universidade de Brasília (UnB). Orientador: Prof. Dr. Adalberto Müller. Brasília, 2006. p. 14-15.
5. PEREIRA, Cristina Núñez, VALCÁRCEL, Rafael R. *Emocionário*: Diga o que você sente. Tradução de Rafaella Lemos. Rio de Janeiro: Sextante, 2018. p. 56.

se torna possível contrapô-lo, buscando-se meios de significação do *amparo* propriamente dito[6].

Na linguagem jurídica, o termo amparo "significa a garantia de princípio e fundamento no estado de direito", estando materializado "no processo que protege os direitos humanos"[7]. Ainda na perspectiva jurídica, é possível articular o *amparo* ao direito fundamental ao trabalho digno – teoria própria ao campo do Direito do Trabalho constitucionalizado. Isso significa que o amparo só tem condições de se concretizar pela via da efetivação dos direitos fundamentais trabalhistas[8].

Essa lógica do amparar, do defender e do resguardar trabalhadores, em perspectiva ampla e inclusiva, é também prevalecente no Direito Internacional dos Direitos Humanos e no Direito Internacional do Trabalho. No caso da OIT, por exemplo, esta abertura paradigmática foi significativamente reforçada com a Agenda do Trabalho decente, de 1999[9].

Note-se que a plataforma do trabalho decente teve na promoção do emprego um dos seus objetivos constitutivos, o que é justificado pelo fato de a OIT, desde a sua fundação em 1919, eleger o trabalho assalariado como categoria-chave para a sua atuação institucional, política e normativa. No entanto, a partir do conceito de trabalho decente, reforçado com a Memória

6. DE LANNOY, Lucie Josephe. *O Espaço do Desamparo na Poesia de César Vallejo*. Dissertação de mestrado em Teoria Literária, do Departamento de Teoria Literária e Literaturas do Instituto de Letras da Universidade de Brasília (UnB). Orientador: Prof. Dr. Adalberto Müller. Brasília, 2006. p. 15.

7. *Idem*. p. 14.

8. DELGADO, Gabriela Neves. *Direito Fundamental ao Trabalho Digno*. 2.ed. São Paulo: LTr, 2015.

9. DELGADO, Mauricio Godinho; DELGADO, Gabriela Neves. A OIT e sua Missão de Justiça Social. *In*: *Revista Pensamento Jurídico*. São Paulo. Volume 13, Número 2, jul./dez., 2019.

de Juan Somavía, Diretor-Geral da OIT, em 1999, depositou-se no trabalho uma perspectiva mais abrangente, baseada na orientação de que todos os trabalhadores, assalariados ou não, são destinatários de proteção social, inclusive aqueles que laboram às margens do mercado de trabalho estruturado[10].

A sinalização apresentada no Relatório do Diretor-Geral da OIT à época, foi compreendida, por vários estudiosos, com destaque para Pedro Gravatá Nicoli, como precursora de uma reestruturação da OIT, mediante uma "refundação ampliativa" de seu escopo de atuação[11], na linha de uma perspectiva abrangente, diversificada e inclusiva de direitos humanos trabalhistas[12].

Enfatize-se, no entanto, que o sistema capitalista de produção, com as mazelas de exploração e de superexploração do trabalho dele decorrente, nos desafia a sempre disputar o sentido de *amparo* constitucional e da linguagem dos direitos humanos vertida aos sujeitos trabalhadores, inclusive no atual período pandêmico. Afinal, direitos trabalhistas são conquistados, resultando de lutas e pressões sociais.

É notório que a pandemia também provoca e acumula *desamparos* em profundidade. Na concretude das ausências e especificamente no tocante às relações de trabalho, nos

---

10. A respeito, consultar: ORGANIZAÇÃO INTERNACIONAL DO TRABALHO. *Conferencia Internacional del Trabajo. Memoria del Director-General: Trabajo decente*. Oficina Internacional del Trabajo Ginebra. Disponível em: https://www.ilo.org/public/spanish/standards/relm/ilc/ilc87/rep-i.htm. Acesso em 26/06/2019.

11. NICOLI, Pedro Augusto Gravatá. *Fundamentos de Direito Internacional Social:* sujeito trabalhador, precariedade e proteção global às relações de trabalho. São Paulo: LTr, 2016. p. 117.

12. DELGADO, Mauricio Godinho; DELGADO, Gabriela Neves. A OIT e sua Missão de Justiça Social. *In: Revista Pensamento Jurídico*. São Paulo. Volume 13, Número 2, jul./dez., 2019.

deparamos com um universo de desigualdades sociais sistêmicas, permeado por pobreza, precariedade, exploração, discriminação, abandono e desabrigo.

Os estudos e indicadores compilados sobre o período de crise pandêmica evidenciam a produção de um "efeito distributivo negativo da pandemia", que exacerba desigualdades, produzindo impactos desproporcionais para os segmentos mais pobres e vulneráveis, conforme bem alertam David Furceri, Prakash Loungani e Jonathan Ostry[13].

Judith Butler também reforça que a pandemia afeta, em grande escala e desproporcionalmente, os mais desprotegidos e expostos. Ao correlacionar interseccionalidades e pandemia, a autora esclarece que "uma ameaça de doença e morte aumenta em populações que acumulam categorias de discriminação, aqueles corpos que não podem escolher a qual minoria pertencem por estarem com mesma intensidade na interseção de várias minorias"[14].

No atual contexto pandêmico, algumas das formas mais frequentes de desigualdades sociais envolvem o trabalho e as categorias de gênero, raça, classe social que estão a ele imbricadas nos mais variados níveis e intensidade. Tais articulações e interdependências contribuem, segundo António Firmino da

13. FURCERI, Davide; LOUNGANI, Prakash; OSTRY, Jonathan D. *Como as pandemias deixam os pobres mais pobres*. IMF Blog. Data de publicação: 11/05/2020. Disponível em: https://www.imf.org/pt/News/Articles/2020/05/11/blog051120-how-pandemics-leave-the-poor-even-farther-behind?sc_mode=1. Acesso em: 02/03/2021.

14. DOMINGUEZ, Juan; ZEN, Rafael. Entrevista com Judith Butler: Quando a economia se torna o berro agonizante dos eugenistas. *Le Monde Diplomatique Brasil*, Acervo Online, 13 de maio de 2020. Disponível em: https://diplomatique.org.br/quando-a-economia-se-torna-o-berro-agonizante-dos-eugenistas/. Acesso em 08.11.2020.

Costa, para a compreensão de que as desigualdades são em regra sistêmicas e multidimensionais, providas por um conjunto de causas complexas e produtoras de impactos sociais diversificados[15].

Além disso, é fato que as desigualdades nas relações de trabalho têm alcance diferenciado e não repercutem de modo uniforme por todo o globo. Países pertencentes a uma mesma matriz de dominação colonial, como é o caso brasileiro, tendem a lidar com uma exploração extrema do trabalho e com práticas particularizadas de dominação e de organização do trabalho derivadas de um longo, intenso e virulento processo de acumulação capitalista[16].

Nas últimas décadas, o modelo de acumulação capitalista foi incrementado pela linha futurística da Quarta Revolução Tecnológica. Esta imprimiu ou aprofundou a inserção da tecnologia digital de ponta nas relações econômicas, sociais e trabalhistas, com o aprimoramento das interconexões às redes virtuais, a expansão dos algoritmos, o processamento de dados em nuvem, a formatação de *softwares* de gestão das empresas

15. COSTA, António Firmino da. Desigualdades Globais. *In*: *Revista Sociologia, Problemas e Práticas*. nº 68. CIES – Centro de Investigação e Estudos de Sociologia. Editora Mundos Sociais, 2012. p.9. Também sobre as desigualdades nas dimensões da vida social e no contexto do mundo globalizado, consultar: REYGADAS, Luis. *La apropiación*: destejiendo las redes de la desigualdad. Rubí (Barcelona): Anthropos Editorial; México: Universidad Autónoma Metropolitana – Iztapalapa, 2008.

16. A respeito da noção de "colonialidade do poder" na América Latina, consultar: QUIJANO, Anibal. Colonialidade do poder, eurocentrismo e América Latina. *In*: LAENDER, Edgardo (Org.). *A colonialidade do saber. Eurocentrismo e ciências sociais. Perspectivas Latino-americanas*. Colección Sur Sur, CLACSO. Buenos Aires: CLACSO, 2005.

e da prestação de serviços, o desenvolvimento de biometria facial, entre tantas outras facilidades tecnológicas[17].

As relações de trabalho em plataformas digitais, estruturadas no contexto da Revolução 4.0, configuram-se como um dos exemplos mais expressivos de relações de trabalho subsidiadas por formatos contratuais típicos do cenário digital e das plataformas de aplicativos. Porém, na linha do arcaico, trazem à cena o "novo proletariado de serviços da era digital", sendo dinamizadas por intensos processos de flexibilização de direitos trabalhistas e de informalidade, com suporte na dinâmica secular de exploração e de espoliação da classe que vive do trabalho, como bem ressalta Ricardo Antunes[18].

É fato que essas relações de trabalho ganharam visibilidade e se expandiram significativamente na pandemia; todavia, os trabalhadores em plataformas digitais a elas ativados seguem no *desamparo*, às margens do Direito do Trabalho e do sistema de proteção constitucional trabalhista. E seguem trabalhando, mesmo que em postos de trabalho precários, porque precisem do ganha-pão. É uma questão de sobrevivência e nada mais. Como diria Ricardo Antunes, está-se diante de uma espécie de "escravidão digital"[19].

---

17. Sobre a Revolução 4.0, consultar: SCHWAB, Klaus. *A Quarta Revolução Industrial*. Sã Paulo: Edipro, 2016. Igualmente, RODRIGUES, Priscila Lauande. *Direito do Trabalho 4.0*: as relações de trabalho na quarta revolução tecnológica. Rio de Janeiro: *Lumen Juris*, 2020.

18. ANTUNES, Ricardo. *O privilégio da servidão:* o novo proletariado de serviços na era digital. São Paulo: Boitempo Editorial, 2018. A propósito, tornou-se comum o uso da expressão "trabalhadores uberizados" para referência aos trabalhadores em plataformas digitais, em face de a empresa multinacional *Uber* ter sido uma das pioneiras e mais conhecidas no tocante a essa forma de organização empresarial e de gestão do trabalho.

19. ANTUNES, Ricardo. *O privilégio da servidão:* o novo proletariado de serviços na era digital. São Paulo: Boitempo Editorial, 2018. p. 30.

Na forma de estruturação empresarial e de gestão do trabalho via plataformas digitais, as desigualdades sociais são plasmadas na materialidade e na subjetividade das relações de trabalho, por práticas predatórias, em espaços de carência constitutiva. A ideia de economia compartilhada e sob demanda provoca a ilusão de autonomia no trabalho. O discurso do empreendedorismo traz para os obreiros um arremedo de segurança. O ideal de liberdade, sobretudo quanto à definição do horário de trabalho, é refreado por jornadas exaustivas. Sem piso salarial, o pagamento por produtividade e os incentivos por premiações não garantem remuneração suficiente e digna, capaz de suprir as necessidades básicas dos obreiros e de seus dependentes. Não bastasse, apesar dos avanços tecnológicos, as condições de trabalho permanecem inadequadas à segurança e à saúde dos trabalhadores[20].

Só faz sentido ilustrar a medida do *desamparo* para trabalhadores vinculados a sistemas de plataformas digitais se também nos provocarmos a questionar o vir a ser. Ou seja, ao se compreender que o desamparo está na origem do trabalho organizado e controlado por empresas de plataforma digitais é também preciso contrapô-lo, buscando meios de significação do *amparo* propriamente dito. Essa orientação, por óbvio,

20. No conjunto, consultar: CONFORTI, Luciana. Trabalho na era digital: saúde e segurança ameaçadas pelo app. *In*: FREITAS, Ana Maria Aparecida de; FARIAS, Fábio André de; CALDAS, Laura Pedrosa (Orgs.). *Entre o tripalium e a Revolução 4.0: saúde e segurança no trabalho*. Belo Horizonte: RTM, 2019; FONSECA, Vanessa Patriota da. As condições de trabalho no crowdsourcing: o futuro repetindo o passado. *In*: FREITAS, Ana Maria Aparecida de; FARIAS, Fábio André de; CALDAS, Laura Pedrosa (Orgs.). *Entre o tripalium e a Revolução 4.0: saúde e segurança no trabalho*. Belo Horizonte: RTM, 2019; RODRIGUES, Priscila Lauande. *Direito do Trabalho 4.0*: as relações de trabalho na quarta revolução tecnológica. Rio de Janeiro: *Lumen Juris*, 2020.

precisa alcançar o Poder Judiciário em sua missão constitucional de interpretação da ordem jurídica.

Como estruturar, na perspectiva jurídica, um futuro de proteção para as relações de trabalho em plataformas digitais no século XXI? Quais são as vias possíveis?

Parece-nos imprescindível questionar a abrangência do sistema constitucional brasileiro de proteção ao trabalho, sobretudo se considerados os inúmeros desafios impostos às relações de trabalho na era digital.

Ao refletir sobre os caminhos percorridos pela teoria da interpretação jurídica e o efetivo significado dos direitos fundamentais, Menelick de Carvalho Netto e Guilherme Scotti reconhecem "a complexidade social e a abertura simultânea da Constituição tanto para o futuro e quanto para a reconstrução do passado"[21].

Com raciocínio semelhante, mas na perspectiva do direito fundamental ao trabalho digno, Gabriela Neves Delgado acentua que a Constituição é presença em sua forma vívida, ou seja, ela só faz sentido se for interpretada, articulada e dinamizada no tempo, ressignificada para toda e qualquer relação de trabalho. Por isso, não é apropriado pensar em fragmentos de proteção dos direitos fundamentais trabalhistas no Texto Constitucional de 1988, o que implicaria desinteirar o sistema justrabalhista constitucionalizado vigente[22].

21. CARVALHO NETTO, Menelick; SCOTTI, Guilherme. *Os Direitos Fundamentais e a (In)Certeza do Direito*: a produtividade das tensões principiológicas e a superação do sistema de regras. Belo Horizonte: Fórum, 2011. p. 16-17.

22. DELGADO, Gabriela Neves. *Direito Fundamental ao Trabalho Digno*. 2. ed. São Paulo: LTr, 2015.

Ressignificar o direito fundamental ao trabalho digno no século XXI, inclusive para as relações de trabalho geridas por plataformas digitais, implica no reconhecimento de que o "patamar civilizatório mínimo"[23] de proteção constitucional trabalhista se estende a todo e qualquer trabalhador. Essa linha de argumentação também foi indicada por Gabriela Neves Delgado e Bruna Vasconcelos de Carvalho ao questionarem quem são, de fato, os destinatários dos direitos fundamentais trabalhistas na era digital.

As autoras consideram que "uma visão restritiva dos destinatários do patamar constitucional trabalhista contribui para a formação de hierarquias laborais e de subcidadanias". Nesse sentido, reforçam a necessidade de que a "análise jurídica não se atenha a formalismos ultrapassados, mas que ressignifique a proteção justrabalhista em favor dos trabalhadores em plataforma digitais"[24].

O pleito por reconhecimento de direitos trabalhistas para trabalhadores ativados em plataformas digitais também foi demandado por Raianne Coutinho, em pesquisa científica:

> "Longe do arcaísmo, o Direito do Trabalho e seus princípios protetivos não podem ser afastados na defesa do trabalhador uberizado. Entende-se, portanto, que os direitos trabalhistas clássicos

23. Expressão consagrada por Mauricio Godinho Delgado. Consultar: DELGADO, Mauricio Godinho. *Curso de Direito do Trabalho*. 19. ed. São Paulo: LTr, 2020.

24. DELGADO, Gabriela Neves; CARVALHO, Bruna Vasconcelos de. Direitos Fundamentais Trabalhistas Para Quem? Reflexões sobre o trabalho plataformizado na perspectiva do direito constitucional do trabalho. *In*: ANAMATRA – Associação Nacional dos Magistrados da Justiça do Trabalho; ENAMATRA – Escola Nacional Associativa dos Magistrados da Justiça do Trabalho. *Plataformas Digitais de Trabalho*: aspectos materiais e processuais. Brasília: 2021. p. 36.

> – salário mínimo, jornada máxima, defesa contra dispensa arbitrária, proteção da saúde física e mental do trabalhador – continuam sendo atuais e sendo cada vez mais necessários. A esses direitos devem se somar outros, típicos do trabalho digital no século XXI, como o direito à desconexão e à proteção à intimidade e privacidade."[25]

Por certo, a expansão da rota de interpretação constitucional no tocante aos direitos fundamentais trabalhistas é decisiva para que trabalhadores de aplicativos não fiquem desprotegidos e desamparados do sistema constitucional vigente. É preciso repensar o sentido de integração e de pertencimento constitucionais. Caso contrário, apesar de mirarmos o futuro das relações de trabalho do século XXI, retrocederemos a vias de barbárie.

Em acréscimo, é também preciso adequar o conceito de subordinação jurídica, por interpretação, às relações de trabalho digitais. Se a jurisprudência trabalhista, com elevada capacidade de adaptação e de atualização do Direito do Trabalho, ressignificou, no percurso histórico, o conceito de subordinação jurídica (desde a compreensão clássica, passando pelas perspectivas objetiva e estrutural[26]), chegou a hora de se dimensionar a *subordinação algorítmica* em decorrência das inúmeras alterações impostas pela revolução 4.0 nas relações

---

25. COUTINHO, Raianne Liberal. A *Subordinação Algorítmica no Arquétipo Uber*: desafios para a incorporação de um sistema constitucional de proteção trabalhista. Dissertação de mestrado apresentada junto ao Programa de Pós-Graduação em Direito da Universidade de Brasília (UnB). Orientação: Profa. Dra. Gabriela Neves Delgado. Brasília, 2021. p. 218.
26. DELGADO, Mauricio Godinho. *Curso de Direito do Trabalho*. 19. ed. São Paulo: LTr, 2020. p. 360-362.

de trabalho, na linha do que já é disputado pela doutrina justrabalhista[27].

Gabriela Neves Delgado e Bruna Vasconcelos de Carvalho refletem sobre o exercício do poder diretivo dos algoritmos, que se espelha na subordinação algorítmica dos trabalhadores, nos seguintes termos:

> "A subordinação algorítmica, típica desse modelo de gestão, não se concretiza, portanto, pelas formas tradicionais do exercício do poder diretivo, dependentes de um espaço geograficamente delimitado e de um controle rígido do horário de trabalho. É que o algoritmo se vale de um controle eficientemente difuso, que se espalha através do campo virtual em várias direções.
>
> Nessa linha de raciocínio, é importante que se tenha uma preocupação real para se verificar que os estímulos comportamentais e os direcionamentos dados pelas plataformas no ciberespaço, para além de se apresentarem como uma nova expressão de um modelo de governança à distância que controla multidões, podem também se apresentar como dinâmicas típicas do poder

27. DELGADO, Gabriela Neves; CARVALHO, Bruna Vasconcelos de. Breque dos Apps: direito de resistência na era digital. *Le Monde Diplomatique Brasil*. Publicado em: 27/07/2020. Disponível em: https://diplomatique.org.br/breque-dos-apps-direito-de-reistencia-na-era-digital/. Acesso em: 23/03/2021; COUTINHO, Raianne Liberal. A *Subordinação Algorítmica no Arquétipo Uber*: desafios para a incorporação de um sistema constitucional de proteção trabalhista. Dissertação de mestrado apresentada junto ao Programa de Pós-Graduação em Direito da Universidade de Brasília (UnB). Orientação: Profa. Dra. Gabriela Neves Delgado. Brasília, 2021. Consultar também RODRIGUES, Priscila Lauande. *Direito do Trabalho 4.0*: as relações de trabalho na quarta revolução tecnológica. Rio de Janeiro: *Lumen Juris*, 2020 – obra decorrente de sua Dissertação de Mestrado no Programa de Pós-Graduação em Direito do UDF, em Brasília.

> empregatício, sobretudo se consideradas as facetas do poder diretivo e fiscalizatório"[28].

Ou seja, enquanto as plataformas digitais exercem o poder empregatício, porque controlam o meio de produção no ciberespaço, via programação algorítmica, mesmo que ausentes ordens pessoais emitidas pelo empregador; os trabalhadores se subordinam, no plano cibernético, porque seguem estruturalmente vinculados ao comando, controle e supervisão preordenados pelas plataformas digitais[29].

Enfim, mesmo que ainda não se tenha consenso jurisprudencial sobre a tipificação das relações de trabalho em plataforma digitais, o *desamparo* no mundo do trabalho provocado pela Quarta Revolução Tecnológica, e acelerado pela pandemia da Covid-19, é algo dado.

Qualquer via jurídica de *amparo* aos trabalhadores, inclusive aos trabalhadores em plataformas digitais, deve referenciar os direitos humanos e os parâmetros de proteção trabalhista assentados pela Constituição de 1988, enquanto compromissos axiológicos e comandos jurídicos obrigatórios, associados à matriz do trabalho decente, no prisma internacional, e à referência do direito fundamental ao trabalho digno, na perspectiva brasileira.

---

28. DELGADO, Gabriela Neves; CARVALHO, Bruna Vasconcelos de. Breque dos Apps: direito de resistência na era digital. *Le Monde Diplomatique Brasil*. Publicado em: 27/07/2020. Disponível em: https://diplomatique.org.br/ breque-dos-apps-direito-de-reistencia-na-era-digital/. Acesso em 23/03/2021.

29. FONSECA, Vanessa Patriota. O Microempreendedor do Aplicativo e o Terraplanismo. *In*: MELO FILHO, Hugo Cavalcanti. *Direito do Trabalho e Teoria Social Crítica*: homenagem ao professor Everaldo Gaspar Lopes de Andrade. Volume I. São Paulo: LTr, 2020. p.198.

7

BLOQUEADORES DA *gratidão*

Seguir pela vida com gratidão é um exercício diário. Demanda presença, entrega, percepção de nós mesmos, do outro e do mundo que nos cerca.

Para Elisa Cintra, a capacidade de ser grato, de reconhecer a importância do outro e de valorizar o que se recebe livremente do próximo, é "decisiva na constituição e na manutenção da vida psíquica". Entrar no dinamismo da gratidão, exercitando o atributo de enxergar amplamente o entorno e de agradecer, nos integra à vida e nos faz vivos. A gratidão diz respeito, portanto, ao agradecimento e ao reconhecimento das "fontes vitais de nutrição" que nos são ofertadas[1].

---

1. CINTRA, Elisa Maria de Ulhôa. Transmissão da vida psíquica: criar espaço psíquico e sentir gratidão. *In: Revista IDE, Psicanálise e Cultura*. São Paulo, 42(69), p. 241-253, Dezembro de 2020. Em acréscimo, consultar: LAGO, Davi;

Com suporte na clássica elaboração teórica de Melanie Klein[2], Elisa Cintra explica que "A gratidão atesta que algo vital foi recebido, que acolheram nosso desamparo e cuidaram de nós, que nos deram de comer e de beber, que nos disseram palavras justas, tirando-nos da falta e da carência"[3].

A psicanalista reforça que a gratidão é decisiva para criarmos espaços psíquicos e nos sentirmos mais próximos uns dos outros, "cuidados, olhados e reconhecidos". É também caminho para dissolvermos a intolerância às diferenças. Acrescenta que quando somos gratos e usufruímos do "sentimento indiviso de pertencer e existir para alguém", entramos no "lugar de irradiação da pulsão de vida"[4].

Mas como vivenciar a gratidão? Este, seguramente, é um dos questionamentos mais refletidos pelos estudiosos do tema. A compreensão amplamente difundida é a de que a gratidão "não é algo assim tão espontâneo", precisa ser exercitada com perseverança, construída no dia a dia[5].

Para Elisa Cintra, a expansão psíquica decorrente da gratidão depende da capacidade da pessoa de receber e de ser agradecida, reconhecendo a importância daquilo que lhe foi ofertado pelo próximo. Assim, ressalta:

GALUPPO, Marcelo. *#umdiasemreclamar:* descubra por que a gratidão pode mudar a sua vida. Porto Alegre: CDG, 2020.

2. KLEIN, Melanie. *Inveja e Gratidão.* Rio de Janeiro: Imago, 1974. Registre-se que este trabalho foi originalmente publicado em 1957.

3. CINTRA, Elisa Maria de Ulhôa. Transmissão da vida psíquica: criar espaço psíquico e sentir gratidão. *In: Revista IDE, Psicanálise e Cultura.* São Paulo, 42(69), p. 241-253, Dezembro de 2020, p. 241.

4. *Idem.* pp. 241, 247 e 248.

5. CINTRA, Elisa Maria de Ulhôa. Transmissão da vida psíquica: criar espaço psíquico e sentir gratidão. *In: Revista IDE, Psicanálise e Cultura.* São Paulo, 42(69), p. 241-253, Dezembro de 2020, *Idem.* p. 241.

> "O cerne da gratidão é essa sensação de respirar mais fundo, de criar espaço psíquico, de se sentir maior. Tem-se o sentimento de ter recebido e o desejo de responder. Mas a expansão psíquica, usufruir desse poder de irradiação da gratidão só acontece se a pessoa puder receber, e receber exige uma capacidade negativa: ficar pequenininho diante daquilo que vem de fora e nos ultrapassa"[6].

Ainda sobre as vias de gratidão, a autora acrescenta que um "lugar de escuta verdadeiro", que se faça abrigo, também gera gratidão, assim como alavancar uma "atenção desinteressada pelo outro", com a possibilidade de se direcionar o olhar para o mundo, no sentido de perceber seus infindáveis acontecimentos, assim como as pessoas ao redor[7].

Além disso, reconhecer o outro, estando sinceramente atento à relação intersubjetiva que se estabelece, é também fator de satisfação e de diminuição da litigiosidade.

Não podemos perder de vista a gratidão, especialmente num contexto pandêmico de dificuldades exacerbadas. Nesse período crítico, é preciso pensar caminhos para se mobilizar a gratidão enquanto um processo psíquico imprescindível ao estabelecimento de laços sociais saudáveis.

Vale registrar que a pandemia se arrasta, especialmente na América Latina, em meio a um cenário neoliberal que combina exclusão e miséria, tudo ao lado da incessante inovação tecnológica digital – a qual, por si só, se não bem gerida e acompanhada por políticas públicas eficientes, também produz exclusão e miséria. Tudo isso gera um cenário que, em

6. Idem. p. 246.
7. Idem. pp. 249 e 251.

seu conjunto, pauta-se por dinâmicas concorrentes, narcísicas, individualistas e tirânicas. Dificilmente surgem aberturas para se exercitarem a gratidão e o reconhecimento em tempos e contextos como esses, bem aponta Ana Magnólia Mendes[8].

Sabe-se que a lógica produtiva prevalecente no mundo do trabalho do século XXI segue apoiada em políticas de invisibilidade – com destaque para as reflexões de Boaventura de Sousa Santos sobre a "sociologia das ausências"[9] –, de não reconhecimento e de precarização trabalhista, consideradas, no conjunto, elementos bloqueadores da gratidão.

Helena Martins de Carvalho esclarece que um trabalho é invisível, do ponto de vista concreto, quando nossa visão não o alcança, ou seja, quando não se vê ou não se pode ver o trabalho executado por alguém, porque desenvolvido em locais geograficamente isolados do contato visual, como é o caso, por exemplo, do trabalho de atendentes digitais, em *call centers*, por exemplo. Porém, em algumas situações, o trabalho é também invisível do ponto de vista simbólico, porque desvalorizado pelo mercado e pelas políticas públicas, ou não reconhecido socialmente. Nessa hipótese, os trabalhadores são vistos, mas não são enxergados e valorizados, pois permanecem invisíveis, imersos em condições de trabalho precárias e despercebidas pela sociedade e pelo poder público[10].

---

8. MENDES, Ana Magnólia. *II Seminário Clínica Psicanalítica do Trabalho*. Brasília: GEPSAT Saúde do Trabalhador, outubro de 2020 a março de 2021. Notas de aula.

9. SANTOS, Boaventura de Sousa. *O Futuro Começa Agora:* da pandemia à utopia. São Paulo: Boitempo, 2021. p. 28. Em complementação, consultar: SANTOS, Boaventura de Sousa. *A Cruel Pedagogia do Vírus*. Coimbra: Almedina, 2020.

10. CARVALHO, Helena Martins de. *A Dimensão da Saúde no Direito Fundamental ao Trabalho Digno:* uma análise justrabalhista do trabalho na limpeza urbana do Distrito Federal. Dissertação apresentada ao Programa de

Essa dinâmica de invisibilidade, como resultado de uma "cegueira psicossocial", é bem retrata por Fernando Braga da Costa:

> "A *invisibilidade pública* é sustentada por motivações psicossociais, por antagonismos de classe mais ou menos conscientes. O olhar personalizante, olhar de reconhecimento interpessoal, perde espaço para o olhar *humilhante*, olhar objetivamente, olhar *reificado e reificante*. A *invisibilidade pública* é cegueira psicossocial. Parece ser tanto mais automatizada quanto menor for o sentimento de *comunidade* que o cego tenha com o indivíduo que não foi visto. Parece haver mais consciência do cego sobre sua cegueira quanto maior for o grau de *comunidade* em que ele possa ingressar com quem ficou apagado"[11].

Na linha teórica do direito fundamental ao trabalho digno, compreende-se que quando o trabalhador não é considerado em sua humanidade, mas apenas na condição de mercadoria, porque reificado, ele tende a não ser retribuído dignamente por seu trabalho, tanto do ponto de vista material, quanto na perspectiva de reconhecimento no campo da subjetividade. Ou seja, ele está *presente* na relação de trabalho, mas não *existe na perspectiva constitucional trabalhista*[12].

Pós-Graduação em Direito da Faculdade de Direito da Universidade de Brasília (UnB). Orientação: Profa. Dra. Gabriela Neves Delgado. Brasília, 2020. p. 66-67.

11. COSTA, Fernando Braga da. Doze Magistrados. *In*: Brasil. Tribunal Regional do Trabalho (1ª Região). Escola Judicial. Vivendo o trabalho subalterno: as experiências de doze magistrados. Rio de Janeiro: TRT-1ª Região, 2018. p. 228-229. (grifos no original).

12. DELGADO, Gabriela Neves. *Direito Fundamental ao Trabalho Digno*. 2. ed. São Paulo: LTr, 2015.

Se os relacionamentos são pautados por padrões utilitaristas, "nos quais o outro só importa quando nos é útil", sem aberturas para vínculos comunitários e de reciprocidade, dificilmente haverá espaço para a gratidão, bem ensinam Davi Lago e Marcello Galuppo[13].

Note-se que essa é uma realidade típica das relações de trabalho neoliberais digitalizadas, que se constituem e se articulam pela lógica utilitarista do descarte, da provisoriedade e da precarização.

Como os trabalhadores são considerados "objetos descartáveis", submetidos à intensa rotatividade laboral, não há ambiente e oportunidade para o estabelecimento de laços sociais e coletivos profundos nas relações de trabalho, circunstância que também tende a bloquear o sentimento de gratidão.

Ainda no contexto neoliberal digital, é comum que trabalhadores em relações de trabalho precárias e invisibilizadas sejam estigmatizados e discriminados. É porque a racionalidade neoliberal aponta para

> "um tipo de sociedade na qual se constitui e se articula um sistema de significações que procura definir pessoas e grupos, não a partir do que eles são ou deixam de ser, mas do que se imagina que eles sejam. Dessa maneira, os preconceitos e estigmas acabam por perverter e substituir a verdadeira identidade dos indivíduos e estes, ao invés de serem encarados como sujeitos de direitos, cuja identidade desvela o ser cidadão, são

13. Davi Lago e Marcelo Galuppo reforçam que a "Gratidão envolve reciprocidade". A respeito, consultar: LAGO, Davi; GALUPPO, Marcelo. *#umdiasemreclamar*: descubra por que a gratidão pode mudar a sua vida. Porto Alegre: CDG, 220. pp. 44, 47 e 50.

> considerados sob diversos ângulos de visão: ora como dignos de pena, de dó e de piedade; ora como alvos de curiosidade, de pânico, de indiferença; ora julgados como objetos descartáveis e igualados a estes mesmos objetos"[14].

O estigma, a discriminação e a indiferença são articulados por indivíduos e coletivos que se sentem e se veem em condição de superioridade em relação a quem é estigmatizado ou discriminado. Nessas relações tóxicas, marcadas pela dicotomia da superioridade/inferioridade e por subjetividades tirânicas, prolifera a ingratidão, porque aquele que se vê e se coloca em posição hierárquica superior aos demais, tende a agir com soberba e arrogância por se considerar autossuficiente e, portanto, não dependente de ninguém, ainda conforme reflexões de Davi Lago e Marcelo Galuppo[15].

O campo da racionalidade neoliberal digital também prioriza uma lógica de aceleração e de superficialidade nas relações sociais e de trabalho. O que importa, em verdade, é o resultado a ser apreendido, qualquer que seja a trajetória para alcançá-lo, mesmo que precária, excludente e antissocial.

No campo das relações trabalhistas, por exemplo, a dinâmica de aceleração focada no resultado bloqueia a possibilidade de ser grato pelo trabalho que está em curso, ainda em fase de elaboração ou de execução. Não se é capaz de reconhecer a

---

14. FREITAS, Maria Vany de Oliveira. *Entre Ruas, Lembranças e Palavras:* a trajetória dos catadores de papel em Belo Horizonte. Belo Horizonte: PUC Minas, 2005, pp. 163-164.

15. Davi Lago e Marcelo Galuppo reforçam que a "Gratidão envolve reciprocidade". A respiro, consultar: LAGO, Davi; GALUPPO, Marcelo. *#umdiasemreclamar:* descubra por que a gratidão pode mudar a sua vida. Porto Alegre: CDG, 220. pp. 32 e 47.

importância do outro enquanto ele se ativa no trabalho. Só se almeja o resultado final e o produto dele derivado.

Assim, na seara das subjetividades fabricadas pelo modelo digital neoliberal, há uma cegueira que impede a gratidão. Essa invisibilidade foi ainda mais intensificada com a pandemia.

Ao refletir sobre a *patologia da indiferença*, Ana Magnólia Mendes observa que, na pandemia, as pessoas estão presas à rotina cotidiana, prisioneiras do medo da morte, de cuidar apenas de si e de prover suas próprias necessidades. Nessa "dinâmica do salve-se quem puder", o outro não interessa, não há espaço para percebê-lo. Invisibilizado, ele seria "um nada", bem acentua a pesquisadora[16].

Essa mesma lógica da invisibilidade atinge os trabalhadores das plataformas digitais e todos aqueles que se ativam ao longo das cadeias produtivas. Para Ana Magnólia Mendes, o trabalhador uberizado é considerado apenas um braço do aplicativo, porque ele só é visto por meio do produto que entrega[17], sendo assim medido, rotulado, taxado e reduzido à condição de mercadoria, como se fosse número e não pessoa.

Por certo, o período pandêmico criou uma série de desafios para os profissionais que laboram em situações limites. Além dos uberizados, existem outros trabalhadores que também atuam na linha de frente da pandemia, como é o caso dos médicos, enfermeiros, cuidadores, cientistas e técnicos em saúde, apenas para citar alguns exemplos. Todos eles correm risco diuturno de se contaminarem ao trabalhar – e seguem

16. MENDES, Ana Magnólia. *II Seminário Clínica Psicanalítica do Trabalho*. Brasília: GEPSAT Saúde do Trabalhador, outubro de 2020 a março de 2021. Notas de aula.
17. *Idem*.

em frente. O trabalho por eles realizado é essencial para não adoecermos. Dependemos cada vez mais deles e uns dos outros. É preciso criar uma relação de gratidão com esses trabalhadores, nos sensibilizarmos pela sua devoção ao trabalho, pelo cuidado com o próximo.

Mas como assegurar proteção para esses trabalhadores, e tantos outros, se considerarmos que frequentemente eles se vinculam a trabalhos precários e desprovidos de direitos fundamentais trabalhistas? Como protegê-los em face do abandono e da invisibilidade a que são submetidos?

No campo do Direito do Trabalho, para além da base simbólica do reconhecimento, é necessário invocar o sujeito trabalhador, reconhecendo-o e dando-lhe visibilidade pela via da proteção jurídica. Nesse sentido, é imprescindível garantir a efetivação dos direitos humanos e do sistema constitucional trabalhista – e seu amplo espectro de direitos fundamentais –, como via decisiva para a afirmação e gozo de relações de trabalho saudáveis e protegidas. Com isso haverá abertura para espaços propícios a dinâmicas de gratidão.

8

Sobras de tranquilidade

Não há sobras de tranquilidade quando se vive uma pandemia, embora haja, eventualmente, alguns momentos de remanso comedido. Ainda assim, algumas referências contribuem para apaziguar as inquietações características desse período de crise.

Pensar no compromisso ético de uma ciência universal e nos inúmeros recursos científicos aprimorados pelos avanços tecnológicos no campo da saúde traz grande alívio.

Ciência e tecnologia interligadas impuseram ritmo avançado à identificação do novo coronavírus, ao sequenciamento de seu genoma e ao desenvolvimento de testes confiáveis para detectar os infectados. Em poucas semanas, todo esse mapeamento foi feito. Com rapidez e eficiência, os cientistas também foram capazes de identificar variadas mutações do vírus e novas linhagens[1].

Essa cadência impressiona, sobretudo se a compararmos, conforme o fez Yual Noah Harai, com o período medieval, de um tempo que corria à deriva e bem devagar, em que "os medievos nunca puderam descobrir a causa da peste negra"[2]. Se, séculos atrás, a população era abandonada à própria sorte ao enfrentar pestes que se arrastavam no tempo e que para muitos se resolviam apenas por força divina ou por pura ficção, hoje não se tem dúvida de que oportunizar vacinas para o combate à pandemia não requer crenças, sorte ou algo similar; depende, sim, da ciência e de investimentos permanentes em educação, pesquisa científica, universidades, laboratórios e hospitais públicos.

Em tempo recorde e sem qualquer outro precedente na história, as vacinas da Covid-19 foram desenvolvidas em menos de um ano da data em que oficializada a epidemia. "Devagar, mas numa rapidez inimaginável"[3], rascunhamos algum esboço de tranquilidade.

A velocidade com que foram criadas as vacinas contra a Covid-19 impressiona, especialmente se notarmos, conforme

---

1. Nesse sentido, consultar: HARARI, Yual Noah. *Notas sobre a pandemia:* e breves lições para o mundo pós-coronavírus. Tradução Odorico Leal. 1.ed. São Paulo: Companhia das Letras, 2020. p.17 e 62; FORATO, Fidel. *COVID-19/ Tudo o que você precisa saber sobre as variantes do coronavírus*. Disponível em: http://canaltech.com.br/saude/covid-19-tudo-o-que-vc-precisa-saber--sobre-as-variantes-do-coronavirus-179143/ Publicado em: 22 de fevereiro de 2021. Acesso em: 24/02/2021.
2. HARARI, Yual Noah. *Notas sobre a pandemia:* e breves lições para o mundo pós-coronavírus. Tradução Odorico Leal. 1.ed. São Paulo: Companhia das Letras, 2020. p. 16-17.
3. Por Miguel Godinho Delgado.

denuncia Jamil Chade, que apesar de todos os avanços tecnológicos do último século, ainda existem uma série de "doenças negligenciadas", sobretudo as que atingem a população mais miserável do mundo, em referência à Dengue e à Doença de Chagas, por exemplo[4].

As estatísticas apresentadas pelo autor sobre o descaso em relação às doenças tropicais são impactantes:

> "Os dados falam por si sós: entre 1975 e 1999, 1.400 novos remédios foram aprovados e lançados no mercado, de acordo com um levantamento realizado pela entidade Médicos sem Fronteiras. Apenas 13 deles eram direcionados para doenças tropicais. Desses, cinco eram subprodutos de pesquisas veterinárias. Outros dois tinham sido encomendados por militares. Entre 2000 e 2005, foram colocados mais 163 remédios no mercado. E apenas cinco para doenças tropicais. *Ou seja, não existem doenças negligenciadas. O que existe são povos inteiramente abandonados*".[5]

Camilla Costa e Cecilia Tombsei seguem na mesma linha de raciocínio, ao constatarem que, diferentemente das vacinas da Covid-19, que foram financiadas por cifras milionárias, as indústria farmacêuticas não priorizam recursos e pesquisas para o combate de determinadas doenças, como é o caso, por exemplo, da Malária, da Dengue, da Zika e do Ebola.[6]

---

4. CHADE, Jamil. *Doença X. In:* CHADE, Jamil; MANUS, Ruth. *10 histórias para tentar entender um mundo caótico*. Rio de Janeiro: Sextante, 2020. p. 78.
5. *Idem*. p. 78. (grifos acrescidos).
6. COSTA, Camilla; TOMBESI, Cecilia. *Coronavírus*: Gráfico mostra tempo que levou para criar vacinas e recorde para covid-19. BBC News/Brasil. Disponível em: https://www.bbc.com/portuguese/internacional-55232520. Publicado em: 11/12/2020. Acesso em: 23/02/2021.

Ao situar a negligência no "centro do debate da saúde", Jamil Chade informa que, "ainda hoje, apenas um terço da população mundial tem acesso aos serviços essenciais de saúde".

> "Em 2017, estimava-se que mais da metade (55%) da população mundial não tinha acesso a serviços de saneamento seguros e mais de um quarto (29%) não tinha água potável. No mesmo ano, dois em cada cinco domicílios no mundo (40%) não tinham instalações básicas para lavagem de mãos. Em outras palavras, torneira e sabão"[7].

Respaldado por dados estatísticos que impressionam, inclusive no que se refere à realidade brasileira, o autor reforça que a revolução científica não é suficiente para dizimar a pandemia e assegurar o direito de ter e exercer direitos, especialmente no campo da saúde.

De fato, na verdade, sem políticas públicas correlacionadas, sistemáticas e multidimensionais não há como se democratizar o acesso à saúde, nem realizar o eficiente combate aos desafios sanitários que surgem nos diversos países, ainda mais quando de origem e incidência mundial.

O sucesso na democratização do acesso à saúde e no combate aos distintos desafios sanitários passa, fundamentalmente, pela construção de um Estado de Bem-Estar Social, que se caracteriza exatamente pela convergência de múltiplas políticas públicas de caráter econômico, social, educacional, sanitário e institucional, todas com forte intuito inclusivo e

7. CHADE, Jamil. *Doença X*. *In*: CHADE, Jamil; MANUS, Ruth. *10 histórias para tentar entender um mundo caótico*. Rio de Janeiro: Sextante, 2020. p. 83.

democratizante – realidade infelizmente muito distante do Brasil e da própria América Latina[8].

Esse raciocínio por certo se aplica à pandemia da Covid-19. Mesmo que a vacinação seja imprescindível para a contenção do novo coronavírus, ela é apenas um aspecto – ainda que de suma importância –, sobretudo para quem se encontra em situação de pobreza e de vulnerabilidade. Não há dúvidas de que é preciso também avançar na construção de políticas públicas em saúde não como uma resposta ocasional à pandemia, mas como um projeto político e institucional orgânico e de longo prazo. Por isso a importância decisiva, em nossa realidade, do Sistema Único de Saúde (SUS), em sua função e projeto de cobertura universal de saúde para os mais de 200 milhões de habitantes brasileiros, inclusive os estrangeiros residentes no Brasil[9].

Além da necessidade de se ampliarem as margens de atuação estatal em saúde pública, as ações de combate à pandemia, no curto prazo, também devem ser estruturadas e coordenadas para que beneficiem, com eficiência e paritariamente, toda a população.

Apesar da respeitável tradição brasileira em campanhas de vacinação, o desempenho do ritmo de vacinação no país, na pandemia, foi inicialmente baixo – irresponsavelmente baixo, diga-se de passagem – além de confuso, em face da injustificável desorientação surgida, sobretudo no âmbito federal de

8. A respeito, consultar: DELGADO, Mauricio Godinho; PORTO, Lorena Vasconcelos. Estado de Bienestar Social: características generales, obstáculos y desafíos en América Latina. *In e-Revista Internacional de la Proteción Social (e-RIPS)*, Vol. VI, N° 1, 2021. Sevilla: Editorial Universidad de Sevilla, p. 107-140.

9. MANUS, Ruth. *Doença X*. *In*: CHADE, Jamil; MANUS, Ruth. *10 histórias para tentar entender um mundo caótico*. Rio de Janeiro: Sextante, 2020. p. 87-89.

planejamento e execução das políticas públicas. Não bastasse, o avanço da pandemia num país de precária infraestrutura hospitalar traz sempre consigo um risco iminente de colapso simultâneo dos sistemas de saúde e funerário.

Alguns estados brasileiros passaram, inclusive, pela experiência do colapso sanitário, outros ainda vêm adotando a política de *lockdowns* diluídos no tempo na tentativa de diminuir as internações e, consequentemente, o número de mortes. Mas a mobilização deveria ser unificada e cuidadosamente gerida a nível municipal, estadual e, obviamente, federal - o que lamentavelmente não ocorreu no caso brasileiro. Numa realidade de desperdício, precariedade e negligência com a saúde pública em geral e para o combate à pandemia em especial, a cada dia tem-se mais mortos. De resto, a inquietude que nos ocupa.

Não restam dúvidas de que toda e qualquer solução passa pela atuação do Estado, em todos os seus níveis e instâncias (no caso brasileiro, União, Estados, Distrito Federal e Municípios), sem exclusão de qualquer deles.

Na verdade, a atuação mais eficiente no enfrentamento dos grandes desafios que atingem a maioria da população - e a pandemia consiste em um dos mais dramáticos deles - supõe a presença articulada, racional e bem estruturada de instituições estatais e políticas públicas, tal como construídas no Estado de Bem-Estar Social, em seus diversos matizes e facetas, arquitetado pelo Constitucionalismo Humanista e Social e, no Brasil, incentivado e direcionado pela Constituição de 1988.

O Estado de Bem-Estar Social, inclusive previsto e determinado pela Constituição da República, seria o caminho mais consistente e eficaz para debelar os desafios agônicos que atingem a população brasileira, em seus diversos campos, como saúde, educação, saneamento, transporte de massas, trabalho e emprego, seguridade social, desenvolvimento sustentável e outras relevantes dimensões da realidade socioeconômica e da convivência humana[10].

Enfim, uma das lições mais importantes derivadas da sofrida experiência da pandemia da Covid-19 é a conclusão de que sem políticas públicas, instituições estatais e um consistente Estado de Bem-Estar Social articulador dessas políticas e instituições públicas não se conseguirá garantir às pessoas a necessária e justa tranquilidade no desenrolar de suas vidas, da vida e bem-estar de seus familiares e de sua própria comunidade.

Outra lição que podemos tirar desse período pandêmico, é que cabe a todos nós exigir respeito ao pacto coletivo de imunização, sobretudo nesse momento em que experimentamos, com alívio, o retorno da socialização. O pacto coletivo de imunização é, portanto, via imprescindível para a vivência política do sentido ético e solidário de responsabilidade compartilhada.

---

10. Sobre o fenômeno do Estado de Bem-Estar Social enquanto modelo de organização da sociedade política (o Estado e suas instituições) e da sociedade civil (integrada pela pessoa humana e as diversas instituições sociais e privadas ali existentes), com os seus objetivos democráticos, humanistas e sociais, consultar, ilustrativamente, três obras internacionais coletivas estruturadas por Mauricio Godinho Delgado e Lorena Vasconcelos Porto, a partir de contribuições de inúmeros autores da Europa e das Américas, a saber, pela ordem cronológica de suas primeiras edições: DELGADO, Mauricio Godinho; PORTO, Lorena Vasconcelos (Orgs.). *O Estado de Bem-Estar Social no Século XXI*. 2. ed., São Paulo: LTr, 2018 (1. ed.: 2007); *Welfare State* – Os Grandes Desafios do Estado de Bem-Estar Social. São Paulo: LTr, 2019; A *América Latina e o Estado de Bem-Estar Social* – características, obstáculos e desafios. São Paulo: Tirant Lo Blanch, 2021.

Se de fato pudermos experimentar caminhos inclusivos e de proteção ao longo da pandemia, com o máximo de conscientização sobre a importância do cuidado próprio e alheio, possivelmente alcançaremos alguma tranquilidade para nos revitalizarmos nesse período tão árido.

9

SER *solidário* E PARTE DO TODO

Em meio aos inúmeros desafios do período pandêmico, é vital experimentar um *sentido ético e solidário de responsabilidade compartilhada* em favor não apenas de quem nos avizinha, mas da humanidade como um todo, pois não há cantos no mundo quando se vive uma pandemia. Ela ocupa todos os espaços.

Então, é preciso exercitar a solidariedade não apenas com quem está por perto, sensibilizando-se com as dificuldades e o sofrimento alheio, estendendo-se na direção do outro, com amparo e apoio[1], mas também como uma prática difusa de solidariedades coletivas voltadas ao bem comum e à preservação

1. Conforme GUNTHER, Luiz Eduardo. *Dicionário básico de citações*: frases sobre emoções, sentimentos, valores e virtudes. Curitiba: Juruá, 2019. p. 185.

do planeta. Não como um ato restrito ao presente e às exigências e particularidades das gerações atuais, mas como um ato estendido no tempo, um contributo para as gerações futuras desconhecidas, mas vindouras.

Na perspectiva doméstica, alguns gestos de solidariedade foram impulsionados na quarentena.

Para muitos, a experiência do distanciamento social e de privações prolongadas, provocou isolamento, solidão e monotonia, com reflexos variados no campo da saúde mental. Para outros, a quarentena despertou um sentimento de solidariedade até então desconhecido e não exercitado.

Apesar do cenário desfavorável, muitas pessoas e grupos de ajuda mútua se organizaram para driblar a pandemia. Com criatividade e entrega, compuseram soluções alternativas ao cotidiano pandêmico, protagonizando as mais variadas "atitudes e invenções solidárias", conforme bem lembrou Edgar Morin[2].

Em referência às demonstrações de solidariedade na pandemia, o autor destaca a confecção artesanal ou doméstica de máscaras para doação, a união entre produtores locais, o fornecimento de refeições gratuitas aos sem-teto e a ajuda entre vizinhos. Também ressalta o papel solidário dos cientistas, intelectuais e artistas para diagnosticar e prognosticar a crise, expondo "as bases de uma nova política que possa reformar ou mesmo transformar a sociedade"[3].

---

2. MORIN, Edgar. *É hora de mudarmos de via:* lições do coronavírus. Tradução Ivone Castilho Benedetti, colaboração Sabak Abouessalam. Rio de Janeiro: Bertrand Brasil, 2020. p. 28.
3. *Idem*. p. 28-29.

No dia a dia, a solidariedade também se faz ação quando há respeito aos protocolos de saúde recomendados e quando as pessoas cooperam umas com as outras. De nada adianta cumprirmos rigorosamente o distanciamento social se o outro não o fizer; usarmos máscaras, se o outro não usá-las. Trata-se de uma pauta comum à humanidade.

Em direção similar, mas focado no plano internacional, Yuval Noah Harari pontua que "o verdadeiro antídoto para epidemias não é a segregação, mas a cooperação". O historiador ressalta que, na pandemia, a "proteção real vem da troca de informação científica confiável e da solidariedade global". Nessa linha, registra a necessidade de países compartilharem informações sobre o surto para se protegerem e trata especificamente da cooperação global como uma pauta necessária para se assegurarem "medidas eficazes de quarentena". E assim localiza questão imprescindível: a pandemia é por natureza um evento planetário e de responsabilidades entrelaçadas, o que significa que "sua propagação em *qualquer* país põe em risco *toda* a espécie humana"[4].

Ainda na dimensão panorâmica global, é preciso ressignificar gestos de solidariedade a partir da compreensão ecológica de que vivemos numa "casa comum", o planeta Terra, lição tão cara aos indígenas, caiçaras, quilombolas e aborígenes, já dizia Ailton Krenak. "Somos parte do todo", há anos alerta o autor em suas reflexões sobre as origens do desastre socioambiental do Antropoceno[5].

---

4. HARARI, Yual Noah. *Notas sobre a pandemia:* e breves lições para o mundo pós-coronavírus. Tradução Odorico Leal. 1.ed. São Paulo: Companhia das Letras, 2020. p. 13, 18 e 80.

5. KRENAK, Ailton. *Ideias para adiar o fim do mundo*. 2.ed. São Paulo: Companhia das Letras, 2020. p. 16.

Para Krenak, o entendimento de que a natureza é ampla e que se expande pelo cosmos e por todos nós se contrapõe à narrativa globalizante que distancia e desgarra a humanidade da Terra, como se fosse dela apartada. Conforme explica, a humanidade passou a "viver em ambientes artificiais produzidos pelas mesmas corporações que devoram florestas, montanhas e rios". E nesse novo lugar foi entretida pelo consumo desenfreado e alienada de tudo[6], forjando sujeitos ilhados, individualistas e preconceituosos.

As telas das grandes metrópoles e dos centros urbanos retratam, segundo descrição de Ailton Krenak, um modelo de progresso e de bem-estar no mundo que consome exaustivamente a natureza e também as subjetividades, instituindo, assim, "uma humanidade com o mesmo protocolo", sem respeito às diversidades e desgarrada da memória ancestral da Terra, numa visão estreita de mundo. É também nesse protótipo de progresso que milhares e centenas de pessoas vivem uma "abstração civilizatória" absurda, sem direitos básicos de cidadania, em condições deploráveis de miséria e privações[7].

E é provocado por este lugar distorcido e preocupado de a Terra não suportar as demandas frenéticas de "mercadorias, segurança e consumo", que o pensador indígena questiona se "somos mesmo uma humanidade"[8].

Ao "imaginar outro mundo possível", Krenak retoma a importância de se consolidar uma concepção plasmada de humanidade e de natureza ao núcleo da Terra, em que a natureza

6. KRENAK, Ailton. *Ideias para adiar o fim do mundo*. 2.ed. São Paulo: Companhia das Letras, 2020. pp. 20-21.

7. *Idem*. p. 32.

8. *Idem*. pp. 12 e 50.

é tida "como uma imensa multidão de formas, incluindo cada pedaço de nós". Ainda reforça que os recursos da natureza explorados para consumo próprio não são infindáveis e que o controle do planeta, tal como é feito atualmente, resultará em mais epidemias, pobreza, fome e violência[9].

E foi assim que aconteceu. O mundo hoje habitável há tempos dá sinais de uma sociedade e de um meio ambiente esgotados. A Covid-19 é, portanto, uma expressão implacável desse "impasse planetário no qual a humanidade se encontra", já dizia Achille Mbembe[10]. É, dessa forma, produto de um mundo que instrumentaliza e legitima a exploração da natureza e de seus recursos naturais para que eles se tornem "resíduos da atividade industrial e extrativista", como se fossem atributos exclusivos dos homens e não da Terra compartilhada, conforme bem lembrou Ailton Krenak[11].

Em meio à catarse, é preciso nos reconectarmos, com urgência e solidariamente, às pautas ecológicas, aprimorando nossa consciência ambiental.

Nessa perspectiva, a partir da definição de "biossimbiose" como a "ênfase nos pontos em comum que todos os seres humanos compartilham um com o outro, mas também com outras espécies, a despeito das diferenças que realmente

9. *Idem*. pp. 67, 69 e 70.

10. MBEMBE, Achille. *O direito universal à respiração*. Carta Maior. Disponível em: https://www.cartamaior.com.br/?/Editoria/Sociedade-e-Cultura/O-direito-universal-a-respiracao/52/47177. Publicado em: 14/04/2020. Acesso em: 05/03/2021. Em nota, consta registro de que este artigo foi publicado originalmente em *AOC media – Analyse Opinion Critique*, com tradução de Mariana Pinto dos Santos e Marta Lança para o site BUALA.

11. KRENAK, Ailton. *Ideias para adiar o fim do mundo*. 2.ed. São Paulo: Companhia das Letras, 2020. p.49.

existem"[12], Achille Mbembe disserta sobre a necessidade de "recompormos uma Terra habitável" para que ela possa, em troca, "oferecer a todos uma vida respirável"[13]. Nessa linha, trata da "política do vivo como totalidade" e de um "direito universal à respiração":

> "Simultaneamente acima do chão e nosso chão comum, o direito universal à respiração não é quantificável. Não é apropriável. É um direito relativo à universalidade, não apenas de cada membro da espécie humana, mas do vivo na sua totalidade. É preciso então compreendê-lo como um direito fundamental à existência. Enquanto tal, não pode ser confiscado e, por isso, escapa a toda a soberania, uma vez que recapitula o princípio soberano em si. Ele é, além do mais, *um direito originário de habitação* da Terra, um direito próprio da comunidade universal dos habitantes da Terra, humanos e não-humanos"[14].

Achille Mbembe deixa claro que a construção de novas vias depende da recuperação dos recursos do mundo em consideração ao fato de que a humanidade e a biosfera estão umbilicalmente interligadas numa pertença comum à "totalidade do vivo", sendo que "uma não tem futuro sem a outra". Se desconsiderarmos esse pressuposto,

12. MBEMBE, Achille. *Uma conversa entre Paul Gilroy e Achille Mbembe: brutalismo, covid-19 e o afro-pessimismo*. Podcast organizado pelo *Sarah Parker Remond Centre*. Tradução de Allan Kardec Pereira. Disponível em: https://medium.com/@allankardecpereira/uma-conversa-entre-paul-gilroy-e-achille-mbembe-brutalismo-covid-19-e-o-afro-pessimismo-f7708b380d0. Publicado em: 25/06/2020. Acesso em: 01/03/2021. p. 6.
13. MBEMBE, Achille. *O direito universal à respiração*. Carta Maior. Disponível em: https://www.cartamaior.com.br/?/Editoria/Sociedade-e-Cultura/O-direito-universal-a-respiracao/52/47177. Publicado em: 14/04/2020. Acesso em: 05/03/2021.
14. *Idem*.

> seremos sugados e largados à própria sorte, ameaçados pela "grande asfixia", na expressão do autor[15].

Para se experimentar uma nova visão de humanidade e de solidariedade, tanto sob o ponto de vista ambiental, quanto nas relações interpessoais, é preciso também romper com o consumo excessivo e insaciável de ostentação, exposição e superdimensionada conectividade, inerente ao ciclo produção, consumo e descarte.

Contribuir com o universal implica não apenas evitar o desperdício, mas similarmente redimensionar e valorizar a reciclagem e o reaproveitamento. Em paralelo, cabe a todos exercitar uma postura consciente, crítica e coletiva – ou seja, solidária –, que passe pela qualidade e utilidade do produto a ser consumido, assim como pela compreensão de como e em que medida esse produto impacta o meio ambiente, o trabalho e a sociedade que o circunda. Essa ampliação de consciência, "voltada para os outros e não apenas para nós mesmos", é o que tornará o consumo um "ato habitual de solidariedade", conforme pontua Jéssica Pucci[16].

Cabe também às relações de trabalho se conectarem rigorosamente às pautas ecológica e ambiental, com proteção e foco na preservação e efetivação dos direitos fundamentais trabalhistas – sendo esta uma das exigências do que hoje se

---

15. *Idem*.
16. PUCCI, Jéssica da Luz Pereira. *A solidariedade e o consumo na sociedade contemporânea*. Disponível em: http://www.sesc-sc.com.br/bçog/assistencia/artigo-a-solidariedade-e-o-consumo-na-sociedade-contemporanea. Acesso em: 01/03/2021.

denomina de "Direito Ecológico do Trabalho"[17], na linha formulada por Rodrigo Carelli.

Para Valéria Dias é preciso, ainda, que estados, empresas e instituições em geral dinamizem seus processos produtivos em respeito ao meio ambiente em que se integram, ao sujeito trabalhador e ao valor social do trabalho, observada a "dimensão socioambiental do direito fundamental ao trabalho digno"[18].

Assim, na dimensão socioambiental do direito fundamental ao trabalho digno, é preciso pensar nas relações de trabalho de dentro para fora e de fora para dentro. Ou seja, refletir sobre a efetividade dos direitos sociais e trabalhistas, tanto sobre a forma como o trabalhador é inserido no processo produtivo e no sistema de gestão, como se o processo produtivo se integra ao meio ambiente, respeitando-o.

Enfim, no curso das reflexões sobre as lições do coronavírus, questionamos, com aporte nas lições de Edgar Morin, se seremos capazes, ao longo do tempo e no pós-pandemia, de conservar as novas solidariedades praticadas no contexto pandêmico e de expandir a convivência, a vida afetuosa e poética, ou se "tudo será, talvez, anestesiado pela retomada dos hábitos,

---

17. CARELLI, Rodrigo. *Primeiras linhas de um Direito Ecológico do Trabalho*: lições da pandemia. Disponível em: http://www.prt1.mpt.mp.br/informe-se/artigos/1219-primeiras-linhas-de-um-direito-ecologico-do-trabalho-a-ecologia-social-e-as-licoes-da-pandemia. Publicado em: 09/11/2020. Acesso em: 10/12/2020.

18. DIAS, Valéria de Oliveira. *A Dimensão Socioambiental do Direito Fundamental ao Trabalho Digno*: uma análise a partir do assédio organizacional nos bancos do Distrito Federal. São Paulo: LTr, 2020; DELGADO, Mauricio Godinho; DELGADO, Gabriela Neves. *O Estado Democrático de Direito e a Centralidade e Dignidade da Pessoa Humana*: reflexões a partir da multidimensionalidade do direito fundamental ao trabalho digno. *In*: DELGADO, Gabriela Neves (Coord.) *Direito Fundamental ao Trabalho Digno no Século XXI*: principiologia, dimensões e interfaces no Estado Democrático de Direito. São Paulo: LTr, 2020. p. 31-40.

folclorizado na lembrança e finalmente esquecido em novas provações e novas crises"[19].

Não há dúvida de que o mito do progresso, tal qual engendrado pelo discurso neoliberal capitalista predominante, não mais se sustenta. Em tempos pandêmicos, com a Terra adoecida, não há alternativas, a não ser mudar drasticamente de via, realizando alterações profundas no sentido e nas expressões de solidariedade. Caso contrário, seguiremos, tanto no plano individual, como no coletivo, cada vez mais solitários e desamparados.

Enfim, a grande tarefa que se coloca diante de nós consiste em internalizar e estabelecer canais de solidariedade permanentes, amplos e diversificados, porque eles recuperam e fortificam as pessoas, além de restaurarem e expandirem os coletivos.

---

19. MORIN, Edgar. *É hora de mudarmos de via:* lições do coronavírus. Tradução Ivone Castilho Benedetti, colaboração Sabak Abouessalam. Rio de Janeiro: Bertrand Brasil, 2020. p. 44.

10

Conclusão

10.1. DE UM ESTADO PANDÊMICO A UM ESTADO HUMANISTA, INCLUSIVO E CIVILIZATÓRIO

Desde os matizes do cotidiano até a miríade de emoções e sentimentos, a pandemia da Covid-19 mudou a rota do mundo por completo. Além de modular as narrativas cotidianas, inevitavelmente vinculadas à crise, também marcou a memória da humanidade e de tudo o que acontece a sua volta.

No universo da linguagem, incorporamos expressões não usuais no vocabulário corrente para dizer da pandemia, como "mapa de contágio", "medidas de contenção", "curva de aceleração", apenas para pontuar alguns exemplos.

A comunicação mudou radicalmente. Com o distanciamento social e o uso crescente da mídia eletrônica e do teletrabalho, ficou mais difícil de perceber, sentir e alcançar o outro, já que a interposição da tela serve de barreira à intensificação dos laços sociais e ao exercício ativo de se estar presente.

Por certo, a dinâmica do *on-line*, por mais ampla e inovadora que seja, não supre os espaços de convívio, harmoniosos ou contrastantes, que somos provocados e estimulados a tecer no presencial, tanto nas relações afetivas e sociais, como nas relações de trabalho. A corriqueira comunicação por áudios gravados, por exemplo, esvazia a capacidade de diálogo entre as pessoas. Falamos sozinhos, sem qualquer preocupação com o olhar e a escuta do outro. E "para conversar é preciso presença: de quem fala e de quem escuta". É deste ponto que deveríamos partir, como bem lembra Ana Holanda em suas reflexões[1].

Na dimensão do vestuário, máscaras e álcool em gel tornaram-se acessórios imprescindíveis para nos higienizarmos em observância aos protocolos de saúde, porém não franqueados a toda a população.

Na dimensão da subjetividade, passamos a perceber o mundo, a fazer escolhas e a construir o dia a dia norteados (ou desnorteados!) pela pandemia. Para muitos, a quarentena forçada e o rareamento dos encontros familiares e das rodas de conversa trouxeram uma solidão irreparável, com desafios os mais variados para a preservação da saúde mental. A pandemia virou, assim, sombra a acompanhar as pessoas do dia à noite, da noite ao dia. Foi com ela, inclusive, que passamos a lidar dolorosamente com o abandono, as despedidas, as ausências e a brevidade da vida.

Em meio aos inúmeros desafios para se alcançar algum tipo de controle diante da crise instalada, recorremos à

1. HOLANDA, Ana. *Como se encontrar na escrita:* o caminho para encontrar a escrita afetuosa em você. Rio de Janeiro: Bicicleta Amarela, 2018. p. 21.

"matemática do contágio" e à "matemática da prudência", e passamos os dias a contar, como bem observa Paolo Giordano, na obra "No Contágio":

> "Talvez pense nisso porque na epidemia não fazemos nada além de contar. Contamos os infectados e os curados, contamos os mortos, contamos as internações e as manhãs sem escola, contamos os bilhões queimados pelas bolsas, as máscaras vendidas e as horas que faltam para o resultado dos testes; contamos os quilômetros do surto e os quartos cancelados em hotéis, contamos nossos laços, nossas renúncias. E contamos e recontamos os dias, especialmente os dias que nos separam de quando a emergência tiver ido embora"[2].

É fato que, na pandemia, números, taxas e percentuais podem até guiar as decisões políticas, mas seguramente não nos poupam do impacto emocional que é viver a situação extrema de um tempo pandêmico. As estatísticas também não apagam o fato de que a pandemia nos tira pessoas.

Entre as variadas emoções e sentimentos experimentados na pandemia, destacam-se, por exemplo, o assombro, o medo, a tristeza, a melancolia, o desamparo, a gratidão, a tranquilidade e a solidariedade.

É claro que o catálogo de emoções e de sentimentos identificados nesta obra não é exaustivo, dada a impossibilidade de se capturar, no todo, o que a pandemia tem provocado no campo das subjetividades, já que cada qual tem o seu termômetro particular.

---

2. GIORDANO, Paolo. *No Contágio*. Tradução de Davi Pessoa. Belo Horizonte: Editora Âyiné, 2020. p. 73-74.

O que importa, em verdade, é refletir sobre o que a crise pandêmica fará de nós ou, ainda, sobre o que faremos com a crise instalada. Há possibilidades de superação? Há caminhos para se passar de um estado pandêmico a um estado humanista, inclusivo e civilizatório?

Yuval Noah Harari oferece importante perspectiva sobre o papel central desempenhado pelas epidemias na história da humanidade desde a Revolução Agrícola. Enfático, ressalta:

> "Como em pandemias anteriores, também em relação à covid-19 a coisa mais importante a lembrar é que os vírus não moldam a história. Os humanos, sim. Somos muito mais poderosos do que o vírus, e cabe a nós decidir como responderemos ao desafio. O aspecto do mundo depois da covid-19 depende das decisões que tomarmos hoje"[3].

Em acréscimo, o historiador exige uma tomada de posição para que se criem alternativas de superação imediata da pandemia, mas também para que se possa refletir sobre o "tipo de mundo que habitaremos uma vez passada a tempestade". A partir dessa linha de raciocínio, reforça que "toda crise é também uma oportunidade"[4].

Por certo, não há como se desviar das crises quando pretendemos ultrapassá-las. É preciso compreendê-las a fundo, em suas múltiplas variáveis, para que haja possibilidades concretas de decantá-las e assim ressignificar a vida, projetar outros caminhos e refazer propósitos.

---

3. HARARI, Yual Noah. *Notas sobre a pandemia:* e breves lições para o mundo pós-coronavírus. Tradução Odorico Leal. 1. ed. São Paulo: Companhia das Letras, 2020. p. 8.

4. *Idem*. pp. 29 e 95.

A pandemia da Covid-19 se configurou em certas regiões do globo, especialmente na América Latina e no Brasil em particular, sob a égide do neoliberalismo, inclusive em sua faceta digital, caracterizado por subclasses de cidadania, pela degradação humana e ambiental, pela irresponsabilidade socioeconômica, pelo abandono da população, tudo regido pela dominância aparentemente irreprimível das regras de mercado.

Esse cenário prevalecente se constitui, ainda, por dinâmicas de "esvaziamento da regulação do trabalho e da tela pública de proteção social", com expansão das relações de trabalho digitalizadas, da flexibilização trabalhista e da informalidade, numa "linguagem que se distancia intencionalmente dos parâmetros das relações sociais concretas e das referências constitucionalizadas de cidadania plena e de proteção ao trabalho em condições de dignidade"[5].

O Brasil vivenciou, nos últimos anos, o esvaziamento do Estado Democrático de Direito constitucionalizado e das diretrizes do Constitucionalismo Humanista e Social, seja por iniciativas normativas, seja por interpretações jurídicas, ambas na linha fortemente precarizadora. Todo esse conjunto exacerbou a dominância interna degradante do neoliberalismo, já há muito influente no mundo ocidental, especialmente na América Latina.

Para Pierre Dardot e Christian Laval, o neoliberalismo se firmou como a nova razão do mundo. A racionalidade dele decorrente, impulsionada pela generalização da concorrência

5. DELGADO, Gabriela Neves; DUTRA, Renata Queiroz. *O que vem depois da crise? O Estado Social nos lembra o seu papel. In*: Jota – Opinião & Análise. Disponível em: O que vem depois da crise? O Estado Social nos lembra o seu papel | JOTA Info. Acesso em: 14/04/2021.

como "norma de conduta" e "modelo de subjetivação", atingiu e contaminou toda a vida humana, com potência suficiente para modelar o funcionamento da esfera pública, das relações sociais e dos próprios indivíduos[6].

De fato, o projeto neoliberal, em suas múltiplas dimensões – ideológica, política e econômica –, parecia inexorável e perene, especialmente em distintas partes do mundo ocidental e, de modo muito acentuado, na América Latina –, constituindo-se como uma marca indelével do século XXI. Não se imaginava, porém, que a irrupção e o alastramento da pandemia pudessem expor as fragilidades e as injustiças do neoliberalismo. Mas aconteceu.

O fato é que a crise pandêmica deflagrou um "processo de estupefação coletiva diante da percepção da intensa dependência da sociedade em relação a uma estrutura tão frágil"[7]. Constatou-se, assim, que a crise não decorre exclusivamente do evento pandêmico, mas sim de um projeto neoliberal caótico, no qual se ajustou a pandemia.

Não há dúvidas de que a saída da crise implica em se pôr fim ao projeto neoliberal prevalecente, mediante a instituição de um Estado de Bem-Estar Social – modelo que melhor e mais amplamente concretiza o Estado Democrático de Direito –, o que demandaria a redefinição dos rumos da sociedade e da atuação governamental, com a ruptura das fronteiras econômicas e sociais até então cristalizadas. Alguns países, inclusive,

6. DARDOT, Pierre; LAVAL, Christian. *A nova razão do mundo*: ensaio sobre a sociedade neoliberal. Tradução Mariana Echalar. São Paulo: Boitempo, 2016. p.17.

7. DELGADO, Gabriela Neves; DUTRA, Renata Queiroz. *O que vem depois da crise? O Estado Social nos lembra o seu papel*. *In*: Jota – Opinião & Análise. Disponível em: O que vem depois da crise? O Estado Social nos lembra o seu papel | JOTA Info. Acesso em: 14/04/2021.

promoveram mudanças significativas ao instituírem políticas estatais intervencionistas de combate à pandemia, tanto no curto, como no médio prazo. Nessa perspectiva, esclarecem Gabriela Neves Delgado e Renata Queiroz Dutra:

> "Para fazer frente à grave crise provocada pelo coronavírus, alguns países estruturaram importantes políticas estatais intervencionistas, de variados matizes, dinâmicas complexas e múltiplas variáveis, numa lógica de atuação comunitária e focada na preservação da vida humana. O repertório internacional de medidas de enfrentamento da pandemia é, além de largo, contrário a tudo o que vinha pregando o receituário neoliberal. Agora, acertadamente, se fala em renda mínima para os mais vulneráveis e para os não alcançados pelo Direito do Trabalho; proteção trabalhista para que os empregados não se contaminem, não percam seus empregos e tenham assegurada sua inserção social e previdenciária durante a crise sanitária; saúde pública e universal para que todas e todos – independente de classe social, raça, ou gênero – possam ser prevenidos e cuidados em face da pandemia; gestão pública concertada e capaz de viabilizar, com oferta dos serviços essenciais, o respeito às prescrições de saúde coletiva, como o isolamento; investimento público para manter o funcionamento da economia durante o momento de retração da demanda e, sobretudo, na retomada das atividades, após vencida a crise sanitária"[8].

8. DELGADO, Gabriela Neves; DUTRA, Renata Queiroz. *O que vem depois da crise? O Estado Social nos lembra o seu papel*. *In*: Jota – Opinião & Análise. Disponível em: O que vem depois da crise? O Estado Social nos lembra o seu papel | JOTA Info. Acesso em: 14/04/2021.

O Brasil, em contrapartida, seguiu na contramão do repertório internacional de combate à pandemia, com o incentivo a uma política negacionista e criadora de uma artificial disjuntiva (ou o mercado ou a saúde), a qual termina por sobrepor, sem necessidade e racionalidade, os interesses mercadológicos ao pressuposto maior de preservação e valorização da vida humana[9].

Mais do que isso, uma política que nega o papel da educação, da ciência e das instituições públicas, que se recusa a coordenar as ações de combate à doença no conjunto do enorme território brasileiro, omitindo deveres constitucionais claros enfatizados pela Constituição e pela simples régua básica da racionalidade e da sensatez. Não por acaso, o Brasil se tornou o epicentro da crise, no primeiro semestre de 2021, com o pior desempenho na contenção da pandemia entre os países da América Latina.

Em meio à devastação das ondas pandêmicas, acumulamos mortes e incapacidade de pensar no coletivo, com prejuízos evidentes e muito maiores para aqueles que estão na base da pirâmide social, em circunstâncias de maior exploração e de maior opressão de classe, gênero e raça, por exemplo.

Não há dúvida de que a superação da crise pandêmica em direção a um estado humanista, inclusivo e civilizatório depende, necessariamente, da superação do projeto neoliberal internamente acentuado nos últimos anos. Essa ruptura, por certo, trará novos desafios ao campo da racionalidade, com a necessária articulação de um "novo modo de vida", na linha já

9. *Ibidem.*

preconizada por Ricardo Antunes[10] e tão bem sistematizada pela própria Constituição brasileira de 1988.

10.2. TRAVESSIA

De repente, uma pandemia sobre os ombros.

Em cenários de crise, não há como se fixar um ponto de chegada. Ninguém volta no tempo, já dizia Bartolomeu Campos de Queiroz[11]; por isso mesmo, o que vale são os caminhos percorridos, a tomada de consciência, o propósito de alterar rumos e de reinventar possibilidades[12].

A travessia é em si uma oportunidade para nos tornarmos fortes, presentes e inteiros, sensíveis ao mundo, aos outros e a nós mesmos, bem lembra Ana Holanda[13]. Afinal, desde sempre estamos em recomposição, renovação e revivificação.

Entre riscos e possibilidades, nos revitalizamos na caminhada, quando amparados pela esperança. Para Zeferino Rocha, a esperança, enquanto "princípio fundamental do funcionamento psíquico e da estruturação da subjetividade com a pulsão de vida", é "um horizonte que se descortina, um apelo

---

10. ANTUNES, Ricardo. *Coronavírus*: o trabalho sob fogo cruzado. São Paulo: Boitempo, 2020.
11. QUEIRÓS, Bartolomeu Campos de. *Para ler em silêncio*. São Paulo: Moderna, 2007. p.48.
12. GROS, Frédéric. "Andar nos ensina a desobedecer", diz filósofo francês. Entrevista publicada em 19/09/2015. Disponível em: 'Andar nos ensina a desobedecer' diz filósofo francês – São Paulo São (saopaulosao.com.br). Acesso em 27/04/2021. Consultar também: GROS, Frédéric. *Caminhar, uma filosofia*. Tradução de Lília Ledon da Silva. São Paulo: Editora É Realizações, 2011.
13. HOLANDA, Ana. *Como se encontrar na escrita*: o caminho para encontrar a escrita afetuosa em você. Rio de Janeiro: Bicicleta Amarela, 2018. p.45.

que nos convida a caminhar e a ir sempre adiante pelos caminhos da vida", mesmo que por vias incertas e indefinidas, e quaisquer que sejam as dificuldades existentes[14].

Para se alcançar qualquer projeto de futuro, reencontrar o rumo, e a si próprio, é preciso viver o tempo presente, dar passos adiante, no dia a dia, pelo trajeto percorrido. Por vezes, para que seja possível sustentar, significar e acalentar toda uma existência, também cabe lutar, persistir e resistir. Entrecruzar passos e caminhos.

Não há dúvidas de que o enfrentamento da pandemia da Covid-19, em sua natureza de crise multidimensional, é um desafio amplo, profundo e complexo. A ampla desagregação e irracionalidade impostas pelo neoliberalismo dominante no Ocidente, e particularmente no Brasil; a ideologia do livre mercado absoluto; a exploração secular implementada pela estrutura colonial racista, patriarcal e capitalista; a ausência de políticas públicas, econômicas e sociais desenvolvimentistas e de distribuição de renda; a desconstrução incessante dos direitos sociais e das instituições responsáveis por sua generalização e aprofundamento; os desastres ecológicos; o descaso com a educação e a ciência; o desapreço das instituições centrais brasileiras com o projeto constitucional humanista e social de 1988; tudo, no conjunto, deságua em uma realidade desconexa, irracional, excessivamente desigual, preconceituosa, injusta

14. ROCHA, Zeferino. Esperança não é esperar, é caminhar: reflexões filosóficas sobre a esperança e suas ressonâncias na teoria e clínica psicanalítica. *Revista Latinoamericana de Psicopatologia Fundamental*. São Paulo, ano X, n. 2, p. 255-273, jun/2007. Disponível em: http://www.psicopatologiafundamental.org.br/uploads/files/revistas/volume10/n2/esperanca_nao_e_esperar,_e_caminhar.pdf. Acesso em: 27/04/2021. pp. 259, 261 e 271.

e insalubre. Nesse não-lugar, as pessoas seguem às margens e desinteiradas de si mesmas.

Em meio ao caos, e mesmo em contextos pós-traumáticos, há de se apostar na renovação de escolhas e em reconstrução. Esse raciocínio é bem exposto na abordagem psicanalítica de Elisabeth Roudinesco, ao pontuar que "nada é predeterminado" e que, mesmo em situações extremas, como no caso dos "filhos do genocídio e do abandono absoluto", é possível, com o tempo, tecer uma vida nova e não sucumbir à dor vivenciada[15].

A pandemia da Covid-19 marcou indelevelmente o século XXI como um evento de crise, de tempos inóspitos. Nesse contexto, emoções e sentimentos ambivalentes, porém inescusáveis a toda forma de humanização, vieram à tona, com destaque para o assombro, o medo, a tristeza, a melancolia, o desamparo, a gratidão, a tranquilidade e a solidariedade, apenas para citar alguns exemplos.

Sabe-se que não há reverso na história vivida, sendo o futuro um campo em aberto, imprevisível. Por essa razão, não há dúvidas de que qualquer desfecho para a crise pandêmica haverá de ser *disputado* de forma dinâmica e não passiva, e sempre no tempo presente. Sendo assim, questionamos: como reagir ao mundo pandêmico? Quais são as vias possíveis para se romper com a desigualdade sistêmica predominante?

O constitucionalismo exige afirmação cotidiana, porque não há conquista definitiva que impeça retrocessos. Por isso mesmo é que o Direito do Trabalho constitucionalizado deve ser sempre disputado. Nesse sentido, se considerada uma

15. ROUDINESCO, Elisabeth. *Dicionário Amoroso da Psicanálise*. Tradução André Telles. Rio de Janeiro: Zahar, 2019. p. 145.

abordagem estritamente jurídica, qualquer ponto de partida depende da efetivação dos parâmetros de direitos humanos e constitucionais de afirmação da pessoa humana e da sua dignidade, de democratização da sociedade política e também da sociedade civil, e de efetiva inclusão, inclusive trabalhista, econômica e cultural protegida[16].

Sob o ponto de vista justrabalhista, compreende-se, numa perspectiva abrangente e consentânea com a linha teórica do *direito fundamental ao trabalho digno*, que todos os trabalhadores, assalariados ou não, são destinatários de proteção social, inclusive aqueles que laboram às margens do mercado de trabalho estruturado[17].

Também no plano internacional, na esteira das memórias do então Diretor-Geral da OIT, Juan Somavia[18], nos idos de 1999, fortaleceu-se a tese de que o compromisso da OIT com o *trabalho decente* deveria sinalizar um caminho de abertura de seu plexo de proteção social para outras relações de trabalho que não as estritamente assalariadas, o que doravante implicaria na expansão dos contornos do Direito Internacional do Trabalho[19].

---

16. DELGADO, Mauricio Godinho. Constituição da República, Estado Democrático de Direito e Direito do Trabalho. *In*: DELGADO, Mauricio Godinho; DELGADO, Gabriela Neves. *Constituição da República e Direitos Fundamentais*: dignidade da pessoa humana, justiça social e direito do trabalho. 4. ed. São Paulo: LTr, 2017. p. 46-47.

17. DELGADO, Gabriela Neves. *Direito Fundamental ao Trabalho Digno*. 2.ed. São Paulo: LTr, 2015.

18. ORGANIZAÇÃO INTERNACIONAL DO TRABALHO. *Conferencia Internacional del Trabajo. Memoria del Director-General: Trabajo decente*. Oficina Internacional del Trabajo Ginebra. Disponível em: https://www.ilo.org/public/spanish/standards/relm/ilc/ilc87/rep-i.htm. Acesso em 26/06/2019.

19. DELGADO, Mauricio Godinho; DELGADO, Gabriela Neves. A OIT e sua Missão de Justiça Social. *In*: *Revista Pensamento Jurídico*. São Paulo. Volume 13, Número 2, jul./dez., 2019.

Por certo, qualquer via de proteção justrabalhista pressupõe a *desmercantilização do trabalho humano*, processo que se efetiva pelo reconhecimento do trabalhador como ser humano e sujeito de direitos, com a consequente dinâmica de afirmação, declaração e efetivação de direitos fundamentais trabalhistas. Nesse contexto, o Direito do Trabalho assume papel de destaque, pois sua direção normativa teleológica é explicitada pela desmercantilização do trabalho nos marcos da sociedade capitalista contemporânea.

A proteção ao trabalhador, qualquer que seja ele, pela via dos direitos fundamentais, e no campo do Direito do Trabalho, é também uma abertura jurídica importante para se romper com a cultura cristalizada de colonialidade de poder e de opressão a grupos sociais vulneráveis.

Em um cenário neoliberal de globalização sem peias, insistir na *correção da noção de justiça social* para o alcance de um Estado brasileiro com compromisso democrático, também se revela um grande desafio[20].

No Brasil, a Constituição de 1988, com a sua plêiade de fundamentos, objetivos, princípios e regras, desponta, indubitavelmente, como o diploma jurídico pátrio melhor estruturado e dirigido rumo à consagração e efetivação do ideário de justiça social.

Pelo princípio da justiça social, a matriz do Estado Democrático de Direito não delega exclusivamente às forças

20. DELGADO, Mauricio Godinho; DELGADO, Gabriela Neves. A OIT e sua Missão de Justiça Social. *In*: *Revista Pensamento Jurídico*. São Paulo. Volume 13, Número 2, jul./dez., 2019; BARBATO, Maria Rosaria; VIANA, Márcio Túlio. Casas, Ruas e Vírus: possíveis tendências do direito do trabalho na era pós pandemia. *In*: *Revista de Direito Brasileira*. Florianópolis, SC. v. 26, n. 10, p. 311-324, Mai./Ago. 2020. p. 320.

econômicas do mercado capitalista o império da inserção das pessoas humanas na sociedade e na economia, cabendo à norma jurídica e às políticas públicas instituir meios, incentivos, garantias para que seja mais bem processada e sucedida essa inserção.

O mencionado princípio, dessa maneira, assegura e determina a existência de mecanismos jurídicos e administrativos para a realização dos princípios constitucionais voltados à efetivação da dignidade da pessoa humana e à democratização da sociedade política e da sociedade civil, estimulando, inclusive, a contínua dinâmica inclusiva dessas sociedades. Confere validade, portanto, aos instrumentos jurídicos e de políticas públicas voltados a realizar um efetivo Estado Democrático de Direito no País, com a consecução real dos princípios da dignidade da pessoa humana, da inviolabilidade do direito à vida, da valorização do trabalho e do emprego, da subordinação da propriedade à sua função socioambiental.

Nessa circunstância de crise é também imprescindível *convocar o Estado Social* a atuar para redefinir os rumos da sociedade, mediante "políticas estatais intervencionistas, de variados matizes, dinâmicas complexas e múltiplas variáveis, numa lógica de atuação comunitária e focada na preservação da vida humana"[21].

No prisma subjetivo, é tempo de nos fortalecermos por *solidariedades perenes*, e não "breves, casuais ou sem compromissos". Essa consciência coletiva e comunitária também nos provoca a "consumir de forma mais responsável, a mudar para

21. DELGADO, Gabriela Neves; DUTRA, Renata Queiroz. *O que vem depois da crise? O Estado Social nos lembra o seu papel*. *In*: Jota – Opinião & Análise. Disponível em: O que vem depois da crise? O Estado Social nos lembra o seu papel | JOTA Info. Acesso em: 14/04/2021.

melhor a nossa relação com a Natureza, a potencializar o nosso espírito criativo, com formas de protesto inovadoras e até a nos vestirmos de forma mais simples e confortável"[22].

A pandemia é uma época que tende a paralisar a arena política. Agora, mais do que nunca, é preciso fortalecer as vias emancipatórias, em suas diversificadas frentes de atuação, como um caminho gregário e dialógico por natureza. Devemos lembrar que as alternativas de reinvenção se constituem, sobretudo, nos espaços coletivos.

Após compilados alguns direcionamentos para a ressignificação de um projeto de futuro, mas sem perder o contato com o presente, finalizamos com a questão-chave que perpassa todo este livro: *o que nasce com a pandemia?*

Por certo nascem crise, desamparo, discriminação, exclusão e pobreza. Mas, paradoxalmente, em meio ao caos, também nascem e se desdobram caminhos de disputa por pertencimento e por uma existência consciente, livre, criativa e digna, orientada por parâmetros humanistas, inclusivos e civilizatórios de proteção.

Nascem força, luta e resistência para não se sucumbir.

---

22. BARBATO, Maria Rosaria; VIANA, Márcio Túlio. Casas, Ruas e Vírus: possíveis tendências do direito do trabalho na era pós pandemia. *In*: *Revista de Direito Brasileira*. Florianópolis, SC. v. 26, n. 10, p. 311-324, Mai./Ago. 2020. p.317 e 319.

Referências bibliográficas

ANTUNES, Ricardo. *Coronavírus:* o trabalho sob fogo cruzado. São Paulo: Boitempo, 2020.

ANTUNES, Ricardo (Org.). *Uberização, Trabalho Digital e Indústria 4.0.* São Paulo: Boitempo, 2020.

ANTUNES, Ricardo. *O privilégio da servidão:* o novo proletariado de serviços na era digital. São Paulo: Boitempo, 2018.

ARANTES, Ana Cláudia Quintana. *Histórias lindas de morrer.* Rio de Janeiro: Sextante, 2020.

ARANTES, Ana Cláudia. *A morte é um dia que vale a pena viver.* Rio de Janeiro: Sextante, 2019.

ARMONY, Nahman. Quem tem medo do salto mortal?: sobre amparo e desamparo. *Cadernos de psicanálise.* Círculo Psicanalítico do Rio de Janeiro, Rio de Janeiro, nº 12, jun. 1998.

AZEVEDO, Francisco Ferreira. *Dicionário Analógico da Língua Portuguesa:* ideias afins/thesaurus. 3.ed. Rio de Janeiro: Lexikon, 2016.

BARBATO, Maria Rosaria; VIANA, Márcio Túlio. Casas, Ruas e Vírus: possíveis tendências do direito do trabalho na era pós pandemia. *In*: *Revista de Direito Brasileira.* Florianópolis, SC. v. 26, n. 10, p. 311-324, Mai./Ago. 2020.

BARRETO, Raquel de Oliveira; GUIMARÃES, Ludmila de Vasconcelos; CALDEIRA, Michele de Castro. Da "Reinvenção" dos Rituais: o trabalho do luto em meio à pandemia da Covid-19. *In*:

NASCIUTTI, Jacyara Rochael; CARRETEIRO, Teresa Cristina; GUIMARÃES, Ludmila de Vasconcelos M. (Orgs.). *Janelas da Pandemia*. Belo Horizonte: Editora Instituto DH, 2020.

BASCHET, Jérôme. COVID-19: el siglo XXI empieza ahora. *In*: *Herramienta Web: Revista de debate y critica marxista*. La pandemia del capitalismo. n. 28. Publicado em Abril de 2020. Disponível em: https://herramienta.com.ar/articulo.php?id=3180. Acesso em: 05/05/2020.

BIANCARELLI, Aureliano; STRINGUETO, Kátia. *Luto coletivo permite tristeza sem censura*. Folha de São Paulo. Cotidiano. Disponível em: http://www1.folha.uol.com.br/fsp/cotidian/ff0803200113.htm. Publicado em: 8/03/2021. Acesso em: 04/05/2021.

BIRMAN, Joel. *Pós-quarentena no divã: 'Desejo de viver intensamente, como se a vida tivesse ficado devendo', diz psicanalista*. Entrevista concedida ao Jornal O Globo. 18/07/2020. Disponível em: https://oglobo.globo.com/cultura/pos-quarentena-no-diva-desejo-de-viver-intensamente-como-se-vida-tivesse-ficado-devendo-diz-psicanalista-24539388. Publicado em: 18/07/2020. Acesso em: 04/03/2021.

BRASIL ESCOLA. *Medo*. Disponível em: https:// brasilescola.uol.com.br/psicologia/medo.htm. Acesso em: 06/05/2021.

BRASIL. MINISTÉRIO DA SAÚDE. *Open Datasus. Banco de dados de síndrome respiratória aguda grave – SRAG 2020 – incluindo dados da COVID-19* [internet]. Brasília: Ministério da Saúde, 2021. Disponível em: https://covid.saude.gov.br/ Acesso em: 02 de agosto de 2021.

BRASIL. MINISTÉRIO DA SAÚDE. Secretaria de Atenção Especializada à Saúde. Departamento de Atenção Hospitalar, Domiciliar e de Urgência. *Protocolo de manejo clínico da Covid-19 na Atenção Especializada à Saúde*, Departamento de Atenção Hospitalar, Domiciliar e de Urgência. 1. ed. rev. Brasília: Ministério da Saúde, 2020. Disponível em: https://bvsms.saude.gov.br/bvs/publicacoes/manejo_clinico_covid-19_atencao_especializada.pdf. Acesso em: 02/02/2021.

BRASIL MINISTÉRIO DA SAÚDE. Secretaria de Vigilância em Saúde. Departamento de Vigilância das Doenças Transmissíveis. *Protocolo de tratamento de Influenza:* 2017. Brasília: Ministério da Saúde, 2018. Disponível em: http:/bvsms.saude.gov.br/bvs/publicacoes/protocolo_tratamento_influenza_2017.pdf. Acesso em: 02/02/2021.

BRASIL. MINISTÉRIO DA SAÚDE. *Coronavírus - Linha do Tempo.* Disponível em: http://coronavirus.saude.gov.br/linha-do-tempo/ Acesso em: 14/02/2021.

BRESCIANI, Alberto. *Sem Passagem para Barcelona.* Rio de Janeiro: José Olympio, 2015.

BRESCIANI, Alberto. *Incompleto Movimento.* Rio de Janeiro: José Olympio, 2011.

BUTLER, Judith. *O luto é um ato político em meio à pandemia e suas disparidades.* Entrevista concedida à Carta Maior. Disponível em: https://www.cartamaior.com.br/?/Editoria/Pelo-Mundo/JudithButlerO-luto-e-um-ato-politico-em-meio-a-pandemia-e-suas-disparidades/6/47390. Publicado em: 04/05/2020. Acesso em 23/04/2021.

CARELLI, Rodrigo. *Primeiras linhas de um Direito Ecológico do Trabalho:* lições da pandemia. Disponível em: http://www.prt1.mpt.mp.br/informe-se/artigos/1219-primeiras-linhas-de-um-direito-ecologico-do-trabalho-a-ecologia-social-e-as-licoes-da-pandemia. Publicado em: 09/11/2020. Acesso em: 10/12/2020.

CARRACOSA, Rosa Collado. *Prefácio. In:* PEREIRA, Cristina Núñez, VALCÁRCEL, Rafael R. *Emocionário:* Diga o que você sente. Tradução de Rafaella Lemos. Rio de Janeiro: Sextante, 2018.

CARVALHO, Helena Martins de. *A Dimensão da Saúde no Direito Fundamental ao Trabalho Digno:* uma análise justrabalhista do trabalho na limpeza urbana do Distrito Federal. Dissertação apresentada ao Programa de Pós-Graduação em Direito da Faculdade de Direito da Universidade de Brasília (UnB). Orientação: Profa. Dra. Gabriela Neves Delgado. Brasília, 2020.

CARVALHO NETTO, Menelick; SCOTTI, Guilherme. *Os Direitos Fundamentais e a (In)Certeza do Direito:* a produtividade das tensões principiológicas e a superação do sistema de regras. Belo Horizonte: Fórum, 2011.

CHADE, Jamil. *Doença X. In:* CHADE, Jamil; MANUS, Ruth. 10 histórias para tentar entender um mundo caótico. Rio de Janeiro: Sextante, 2020.

CINTRA, Elisa Maria de Ulhôa. Transmissão da vida psíquica: criar espaço psíquico e sentir gratidão. *In: Revista IDE, Psicanálise e Cultura.* São Paulo, 42(69), p. 241-253, Dezembro de 2020.

CONFORTI, Luciana. Trabalho na era digital: saúde e segurança ameaçadas pelo app. *In*: FREITAS, Ana Maria Aparecida de; FARIAS, Fábio André de; CALDAS, Laura Pedrosa (Orgs.). *Entre o tripalium e a Revolução 4.0: saúde e segurança no trabalho.* Belo Horizonte: RTM, 2019.

COSTA, António Firmino da. Desigualdades Globais. *In*: *Revista Sociologia, Problemas e Práticas.* nº 68. CIES – Centro de Investigação e Estudos de Sociologia. Editora Mundos Sociais, 2012.

COSTA, Camilla; TOMBESI, Cecilia. *Coronavírus:* Gráfico mostra tempo que levou para criar vacinas e recorde para covid-19. BBC News/Brasil. Disponível em: https://www.bbc.com/portuguese/internacional-55232520. Publicado em: 11/12/2020. Acesso em: 23/02/2021.

COSTA, Fernando Braga da. Doze Magistrados. *In*: Brasil. Tribunal Regional do Trabalho (1ª Região). *Escola Judicial.* Vivendo o trabalho subalterno: as experiências de doze magistrados. Rio de Janeiro: TRT-1ª Região, 2018.

COUTINHO, Raianne Liberal. *A Subordinação Algorítmica no Arquétipo Uber:* desafios para a incorporação de um sistema constitucional de proteção trabalhista. Dissertação de mestrado apresentada junto ao Programa de Pós-Graduação em Direito da Universidade de Brasília (UnB). Orientação: Profa. Dra. Gabriela Neves Delgado. Brasília, 2021.

CUNHA, Antônio Geraldo. *Dicionário Etimológico Nova Fronteira da Língua Portuguesa*. 2.ed. Rio de Janeiro: Nova Fronteira, 1986.

DALGALARRONDO, Paulo. *Psicopatologia e Semiologia dos Transtornos Mentais*. 2.ed. Porto Alegre: Artmed, 2008.

DARDOT, Pierre; LAVAL, Christian. *A nova razão do mundo:* ensaio sobre a sociedade neoliberal. Tradução Mariana Echalar. São Paulo: Boitempo, 2016.

DE LANNOY, Lucie Josephe. *O Espaço do Desamparo na Poesia de César Vallejo*. Dissertação de mestrado em Teoria Literária, do Departamento de Teoria Literária e Literaturas do Instituto de Letras da Universidade de Brasília (UnB). Orientador: Prof. Dr. Adalberto Müller. Brasília, 2006.

DELGADO, Gabriela Neves. *Apresentação da Revista LTr*. n. 84. São Paulo: LTr, 2020.

DELGADO, Gabriela Neves. *Em tempos de pandemia, qual futuro do trabalho almejamos?* Entrevista concedida à Anamatra. Disponível em: https://www.anamatra.org.br/imprensa/noticias/29937-sistema-de-protecao-trabalhista-deve-ser-universal-moderno-mas-nao-precarizado-ou-excludente-afirma-pesquisadora. Publicado em: 05/06/2020. Acesso em: 17/07/2020.

DELGADO, Gabriela Neves. *Direito Fundamental ao Trabalho Digno*. 2.ed. São Paulo: LTr, 2015.

DELGADO, Gabriela Neves; CARVALHO, Bruna Vasconcelos de. Breque dos Apps: direito de resistência na era digital. *Le Monde Diplomatique Brasil*. Publicado em: 27/07/2020. Disponível em: https://diplomatique.org.br/breque-dos-apps-direito-de-reistencia-na-era-digital/. Acesso em: 23/03/2021.

DELGADO, Gabriela Neves; CARVALHO, Bruna Vasconcelos de. Direitos Fundamentais Trabalhistas Para Quem? Reflexões sobre o trabalho plataformizado na perspectiva do direito constitucional do trabalho. *In*: ANAMATRA – Associação Nacional dos Magistrados da Justiça do Trabalho; ENAMATRA – Escola Nacional Associativa dos Magistrados da Justiça do Trabalho. *Plataformas*

Digitais de Trabalho: aspectos materiais e processuais. Brasília: 2021. p. 33-52.

DELGADO, Gabriela Neves; DELGADO, Lucilia de Almeida Neves; DELGADO, Mauricio Godinho. Lições da Pandemia para o Mundo do Trabalho. *Revista Humanidades*. Brasil Pandêmico: o espanto e a dor diante da Covid-19. n. 64. Publicado em: Dezembro de 2020. Disponível em: http://www.editora.unb.br/downloads/v4_RevistaHumanidades64_impresso_PagDupla_Web.pdf. Acesso em: 02/03/2021.

DELGADO, Gabriela Neves; DI ASSIS, Carolina; ROCHA, Ana Luísa Gonçalves. A Melancolia no Teletrabalho em Tempos de Coronavírus. *In*: *Revista do Tribunal Regional do Trabalho da 3ª Região*. Edição Especial: COVID-19 e a efetivação dos direitos inerentes ao trabalho humano. Tomo I. jul. 2020.

DELGADO, Gabriela Neves; DUTRA, Renata Queiroz. *O que vem depois da crise? O Estado Social nos lembra o seu papel*. *In*: Jota – Opinião & Análise. Disponível em: O que vem depois da crise? O Estado Social nos lembra o seu papel | JOTA Info. Acesso em: 14/04/2021.

DELGADO, Gabriela Neves; DUTRA, Renata Queiroz; SANTANA, Raquel. Racismo institucional: o que é essencial em tempos de pandemia? *In: Jota – Opinião & Análise.* Disponível em: Racismo institucional: o que é essencial em tempos de pandemia? | JOTA Info. Acesso em: 18/07/2021.

DELGADO, Gabriela Neves; MIRAGLIA, Lívia Mendes Moreira. Casulos de Vidro das Trabalhadoras em Home Office. *In*: *Revista da Faculdade Mineira de Direito*. Dossiê "O desafio do trabalho feminino e sua relação como o Direito: entre o tralho de cuidado, emocional e de (re)produção". V. 24, N. 47. Belo Horizonte: 2021, p. 21-34.

DELGADO, Mauricio Godinho. *Curso de Direito do Trabalho*. 19. ed. São Paulo: LTr, 2020.

DELGADO, Mauricio Godinho; DELGADO, Gabriela Neves. *O Estado Democrático de Direito e a Centralidade e Dignidade da Pessoa Humana*: reflexões a partir da multidimensionalidade do direito fundamental ao trabalho digno. *In*: DELGADO, Gabriela Neves (Coord.) *Direito Fundamental ao Trabalho Digno no Século XXI:* principiologia, dimensões e interfaces no Estado Democrático de Direito. São Paulo: LTr, 2020.

DELGADO, Mauricio Godinho; DELGADO, Gabriela Neves. A OIT e sua Missão de Justiça Social. *In*: *Revista Pensamento Jurídico*. São Paulo. Volume 13, Número 2, jul./dez., 2019.

DELGADO, Mauricio Godinho; DELGADO, Gabriela Neves. A Proteção e a Inclusão da pessoa Humana Trabalhadora e do Trabalho no Brasil: fluxos e refluxos. *Revista Jurídica Unicuritiba*, v. 4, p. 538-583, 2019.

DELGADO, Mauricio Godinho; DELGADO, Gabriela Neves. *A Reforma Trabalhista no Brasil:* com os comentários à lei n. 13.467/2017. 2.ed. São Paulo: LTr, 2018.

DELGADO, Mauricio Godinho; DELGADO, Gabriela Neves. O papel da justiça do trabalho no Brasil. *In*: DELGADO, Mauricio Godinho; DELGADO, Gabriela Neves. *Constituição da República e direitos fundamentais, Constituição da República e direitos fundamentais: dignidade da pessoa humana, justiça social e direito do trabalho*. 4.ed. São Paulo: LTr, 2017.

DELGADO, Mauricio Godinho. Constituição da República, Estado Democrático de Direito e Direito do Trabalho. *In*: DELGADO, Mauricio Godinho; DELGADO, Gabriela Neves. *Constituição da República e Direitos Fundamentais*: dignidade da pessoa humana, justiça social e direito do trabalho. 4.ed. São Paulo: LTr, 2017.

DELGADO, Mauricio Godinho; PORTO, Lorena Vasconcelos (Orgs.). *A América Latina e o Estado de Bem-Estar Social*: características, obstáculos e desafios. São Paulo: Tirant Lo Blanch, 2021.

DELGADO, Mauricio Godinho, e PORTO, Lorena Vasconcelos. Estado de Bienestar Social: características generales, obstáculos y desafíos en América Latina. *In e-Revista Internacional de la Protección Social (e-RIPS)*, Vol. VI, Nº 1, 2021. Sevilla: Editorial Universidad de Sevilla, p. 107-140.

DELGADO, Mauricio Godinho; PORTO, Lorena (Orgs.). *O Estado de Bem-Estar Social no Século XXI*. São Paulo: LTr, 2007.

DELGADO, Mauricio Godinho; PORTO, Lorena Vasconcelos (Orgs.). *Welfare State* – Os Grandes Desafios do Estado de Bem-Estar Social. São Paulo: LTr, 2019.

DIAS, Valéria de Oliveira. *A Dimensão Socioambiental do Direito Fundamental ao Trabalho Digno:* uma análise a partir do assédio organizacional nos bancos do Distrito Federal. São Paulo: LTr, 2020.

DOMINGUEZ, Juan; ZEN, Rafael. Entrevista com Judith Butler: Quando a economia se torna o berro agonizante dos eugenistas. *Le Monde Diplomatique Brasil*, Acervo Online, 13 de maio de 2020. Disponível em: https://diplomatique.org.br/quando-a-economia-se-torna-o-berro-agonizante-dos-eugenistas/. Acesso em 08.11.2020.

FERREIRA, Aurélio Buarque de Holanda. *Novo Dicionário da Língua Portuguesa*. 2.ed. Rio de Janeiro: 1986.

FINCATO, Denise. Saúde, higiene e segurança no teletrabalho. *Revista Brasileira de Direitos Fundamentais & Justiça*, v.3, n.9, p.101-123, 2009. Disponível em: http://dfj.emnuvens.com.br/dfj/article/view/467. Acesso em: 10/12/2020.

FONSECA, Vanessa Patriota. O Microempreendedor do Aplicativo e o Terraplanismo. *In*: MELO FILHO, Hugo Cavalcanti. *Direito do Trabalho e Teoria Social Crítica:* homenagem ao professor Everaldo Gaspar Lopes de Andrade. Volume I. São Paulo: LTr, 2020.

FONSECA, Vanessa Patriota. As condições de trabalho no crowdsourcing: o futuro repetindo o passado. *In*: FREITAS, Ana Maria Aparecida de; FARIAS, Fábio André de; CALDAS, Laura Pedrosa (Orgs.). *Entre o tripalium e a Revolução 4.0: saúde e segurança no trabalho*. Belo Horizonte: RTM, 2019.

FORATO, Fidel. *COVID-19/Tudo o que você precisa saber sobre as variantes do coronavírus*. Disponível em: http://canaltech.com.br/saude/covid-19-tudo-o-que-vc-precisa-saber-sobre-as-variantes-do-coronavirus-179143/ Publicado em: 22 de fevereiro de 2021. Acesso em: 24/02/2021.

FREITAS, Maria Vany de Oliveira. *Entre Ruas, Lembranças e Palavras:* a trajetória dos catadores de papel em Belo Horizonte. Belo Horizonte: PUC Minas, 2005.

FREUD, Sigmund. *Luto e melancolia*. Trad. Marilene Carone. *Novos Estudos*, n. 32, p. 128-142, mar. 1992.

FURCERI, Davide; LOUNGANI, Prakash; OSTRY, Jonathan D. *Como as pandemias deixam os pobres mais pobres*. IMF Blog. Data de publicação: 11/05/2020. Disponível em: https://www.imf.org/pt/News/Articles/2020/05/11/blog051120-how-pandemics-leave-the-poor-even-farther-behind?sc_mode=1. Acesso em: 02/03/2021.

GENNEP, Arnold Van. *Os Ritos de Passagem*. 2.ed. Trad. Mariano Ferreira. Petrópolis: Vozes, 2011.

GINSBURG, Natalia. *As pequenas virtudes*. Tradução de Maurício Santana Dias. São Paulo: Cosac Naify, 2015.

GIORDANO, Paolo. *No Contágio*. Tradução de Davi Pessoa. Belo Horizonte: Editora Âyiné, 2020.

GIRAFA, Luis Jungmann. *Anônimos do Rossio*. Brasília: Sigla Viva, 2013.

GROS, Frédéric. "Andar nos ensina a desobedecer", diz filósofo francês. Entrevista publicada em 19/09/2015. Disponível em: 'Andar nos ensina a desobedecer' diz filósofo francês – São Paulo São (saopaulosao.com.br). Acesso em 27/04/2021.

GROS, Frédéric. *Caminhar, uma filosofia*. Tradução de Lília Ledon da Silva. São Paulo: Editora É Realizações, 2011.

GUNTHER, Luiz Eduardo. *Dicionário Básico de Citações:* frases sobre emoções, sentimentos, valores e virtudes. Curitiba: Juruá, 2019.

HARARI, Yual Noah. *Notas sobre a pandemia:* e breves lições para o mundo pós-coronavírus. Tradução Odorico Leal. 1.ed. São Paulo: Companhia das Letras, 2020.

HOBSBAWM, Eric. *Era dos Extremos:* o breve século XX. São Paulo: Companhia das Letras, 1994.

HOLANDA, Ana. *Como se encontrar na escrita:* o caminho para encontrar a escrita afetuosa em você. Rio de Janeiro: Bicicleta Amarela, 2018.

IRAHA, Isabel de Santana; SILVA, Stéfany Cruz; PAULA, Patrícia Pinto de. Sentidos do Trabalho dos Coveiros: um estudo exploratório. *In: Pretextos – Revista da Graduação em Psicologia da PUC Minas*. v. 2. n. 4. jul/dez. 2017.

KLEIN, Melanie. *Inveja e Gratidão.* Rio de Janeiro: Imago, 1974. Registre-se que este trabalho foi originalmente publicado em 1957.

KRENAK, Ailton. *Ideias para adiar o fim do mundo.* 2.ed. São Paulo: Companhia das Letras, 2020.

LAGO, Davi; GALUPPO, Marcelo. *#umdiasemreclamar:* descubra por que a gratidão pode mudar a sua vida. Porto Alegre: CDG, 2020.

LEMOS, Maria Cecília de Almeida Monteiro. *O Dano Existencial nas Relações de Trabalho Intermitentes.* São Paulo: LTr, 2020.

LISBOA, Henriqueta. *Pousada do Ser.* São Paulo: Nova Fronteira, 1982.

MANUS, Ruth. *Doença X. In:* CHADE, Jamil; MANUS, Ruth. *10 histórias para tentar entender um mundo caótico.* Rio de Janeiro: Sextante, 2020.

MBEMBE, Achille. *Uma conversa entre Paul Gilroy e Achille Mbembe: brutalismo, covid-19 e o afro-pessimismo.* Podcast organizado pelo *Sarah Parker Remond Centre.* Tradução de Allan Kardec Pereira. Disponível em: https://medium.com/@allankardecpereira/uma-conversa-entre-paul-gilroy-e-achille-mbembe-brutalismo-covid-19-e-o-afro-pessimismo-f7708b380d0. Publicado em: 25/06/2020. Acesso em: 01/03/2021.

MBEMBE, Achille. *O direito universal à respiração.* Carta Maior. Disponível em: https://www.cartamaior.com.br/?/Editoria/Sociedade-e-Cultura/O-direito-universal-a-respiracao/52/47177. Publicado em: 14/04/2020. Acesso em: 05/03/2021.

MENDES, Ana Magnólia. *II Seminário Clínica Psicanalítica do Trabalho.* Brasília: GEPSAT Saúde do Trabalhador, outubro de 2020 a março de 2021. Notas de aula.

MENDES, Ana Magnólia; VIVÈS, Jean-Michel. Voz do supereu e melancolização no trabalho que adoece. *In*: COELHO, Rosana; MOTTA, Diego Airoso da (Orgs). *Psicanálise & Trabalho: retratos do contemporâneo*. Memorial da Justiça do Trabalho no Rio Grande do Sul. Porto Alegre: Tribunal Regional do Trabalho da 4ª Região, 2020.

MENDES, Ana Magnólia. *Desejar, Falar, Trabalhar*. Porto Alegre, RS: Editora Fi, 2018.

MIRA Y LÓPES, E. *Psicologia Geral*. São Paulo: Melhoramentos, 1974. *Apud* DALGALARRONDO, Paulo. *Psicopatologia e Semiologia dos Transtornos Mentais*. 2.ed. Porto Alegre: Artmed, 2008.

MOLINIER, Pascale. *O Trabalho e a Psique – Uma Introdução à Psicodinâmica do Trabalho*. Tradução de Franck Soudant. Brasília: Paralelo 15, 2013.

MONTEIRO, Daniel Francisco Bastos; PEREIRA, Verônica Fujise; OLIVEIRA, Laureane Leopoldino de; LIMA, Oscar Palma; CARRIERI, Alexandre de Pádua. O Trabalho Sujo com a Morte: o estigma e a identidade no ofício de coveiro. *In*: *RIGS – Revista Interdisciplinar de Gestão Social*. v.6. n.1, jan./abr. 2017, p.77-998. www.rigs.ufba.br.

MORIN, Edgar. *As Possibilidades da Crise*. Fronteiras do Pensamento. Disponível em: https://www.fronteiras.com/videos/as-possibilidades-da-crise. Acesso em: 12/2/2020.

MORIN, Edgar. *É hora de mudarmos de via:* as lições do coronavírus. Tradução Ivone Castilho Benedetti; Colaboração Sabah Abouessalam. Rio de Janeiro: Bertrand Brasil, 2020.

NICOLELIS, Miguel. *"Há grande chance de um colapso nacional. A população precisa acordar para a dimensão da nossa tragédia", diz Miguel Nicolelis*. Disponível em: http://oglobo.globo.com/sociedade/ha-grande-chance-de-um-colapso-nacional-populacao-precisa-acordar-para-dimensao-da-nossa-tragedia-diz-miguel-nicolelis-1-24900357. Publicado em: 26/02/2021. Acesso em: 27/02/2021.

NICOLI, Pedro Augusto Gravatá. *Fundamentos de Direito Internacional Social:* sujeito trabalhador, precariedade e proteção global às relações de trabalho. São Paulo: LTr, 2016.

ONU NEWS. *Organização Mundial da Saúde declara novo coronavírus uma pandemia.* Disponível em: https://news.un.org/pt/story/2020/03/1706881. Publicado em: 11/03/2020. Acesso em: 05/08/2020.

ORTEGA, Francisco. Comunicação apresentada no webinário inaugural do Ciclo de Debates *O Futuro em Tempos de Pandemia: vida, sociedade e ciência*, promovido pela Universidade de Brasília (UnB), em 21 de maio de 2020. A respeito, consultar: ORTEGA, Francisco. *Lições do Brasil em saúde global em tempos de covid-19.* Portal de Conferências da UnB. Disponível em: https://conferencias.unb.br/index.php/ftp/ftp/search/authors/view?firstName=Francisco&middleName=&lastName=Ortega&affiliation=%3Cspan%3EUniversidade%20do%20Estado%20do%20Rio%20de%20Janeiro%3C%2Fspan%3E&country=BR Acesso em: 29/01/2021.

ORGANIZAÇÃO INTERNACIONAL DO TRABALHO. *Conferencia Internacional del Trabajo. Memoria del Director-General: Trabajo decente.* Oficina Internacional del Trabajo Ginebra. Disponível em: https://www.ilo.org/public/spanish/standards/relm/ilc/ilc87/rep-i.htm. Acesso em 26/06/2019.

PAVONI, Edson. *Gente merece existir em prosa.* Entrevista concedida ao Projeto Vamos Falar sobre o Luto? Disponível em: http://vamosfalarsobreoluto.com.br/2020/05/11/gente-merece-existir-em-prosa/ Publicado em: 11/05/2020. Acesso em: 20/09/2020.

PEREIRA, Cristina Núñez, VALCÁRCEL, Rafael R. *Emocionário:* Diga o que você sente. Tradução de Rafaella Lemos. Rio de Janeiro: Sextante, 2018.

PUCCI, Jéssica da Luz Pereira. *A solidariedade e o consumo na sociedade contemporânea.* Disponível em: http://www.sesc-sc.com.br/bçog/assistencia/artigo-a-solidariedade-e-o-consumo-na-sociedade-contemporanea. Acesso em: 01/03/2021.

QUEIRÓS, Bartolomeu Campos de. *Para ler em silêncio.* São Paulo: Moderna, 2007.

QUIJANO, Anibal. Colonialidade do poder, eurocentrismo e América Latina. *In*: LAENDER, Edgardo (Org.). *A colonialidade do saber. Eurocentrismo e ciências sociais. Perspectivas Latino-americanas.* Colección Sur Sur, CLACSO. Buenos Aires: CLACSO, 2005.

REYGADAS, Luis. *La apropiación:* destejiendo las redes de la desigualdad. Rubí (Barcelona): Anthropos Editorial; México: Universidad Autónoma Metropolitana - Iztapalapa, 2008.

ROCHA, Zeferino. Esperança não é esperar, é caminhar: reflexões filosóficas sobre a esperança e suas ressonâncias na teoria e clínica psicanalítica. *Revista Latinoamericana de Psicopatologia Fundamental.* São Paulo, ano X, n. 2, p. 255-273, jun/2007. Disponível em: http://www.psicopatologiafundamental.org.br/uploads/files/revistas/volume10/n2/esperanca_nao_e_esperar,_e_caminhar.pdf. Acesso em: 27/04/2021.

RODRIGUES, Priscila Lauande. *Direito do Trabalho 4.0*: as relações de trabalho na quarta revolução tecnológica. Rio de Janeiro: *Lumen Juris*, 2020.

ROUDINESCO, Elisabeth. *Dicionário Amoroso da Psicanálise.* Tradução André Telles. Rio de Janeiro: Zahar, 2019.

SANTOS, Boaventura de Sousa. *O Futuro Começa Agora:* da pandemia à utopia. São Paulo: Boitempo, 2021.

SANTOS, Boaventura de Sousa. *A Cruel Pedagogia do Vírus.* Coimbra: Almedina, 2020.

SCHWAB, Klaus. *A Quarta Revolução Industrial.* Sã Paulo: Edipro, 2016.

SCHWARCZ, Lilia. *O século 21 começa nesta pandemia.* Entrevista concedida à CNN Brasil. Disponível em: https://www.cnnbrasil.com.br/nacional/2020/07/04/o-seculo-comeca-nesta-pandemia-analisa-a-historiadora-lilia-schwarcz. Acesso em: 06/08/2020.

SCHWARCZ, Lilia. *A morte da morte: reflexões sobre 100 mil vidas perdidas.* Disponível em: https://www.nexojornal.com.br/colunistas/2020/A-morte-da-morte-reflexões-sobre-100-mil-vidas-perdidas. Publicado em: 10/08/2020. Acesso em: 13/08/2020.

SLEE, Tom. *Uberização*: a nova onda do trabalho precarizado. São Paulo: Editora Elefante, 2017.

SOUZA, Christiane Pantoja de; SOUZA, Airle Miranda de. Rituais Fúnebres no Processo do Luto: significados e funções. *In*: *Psicologia:* Teoria e Pesquisa. Brasília, V. 35, 2019.

UJVARI, Stefan Cunha. *História das epidemias*. 2.ed., 1ª reimpressão. São Paulo: Contexto, 2020.

UJVARI, Stefan Cunha. *Pandemias:* a humanidade em risco. 1.ed., 2ª reimpressão. São Paulo: Contexto, 2020.

WORLD HEALTH ORGANIZATION. *Coronavirus (COVID-19) dashboard*. Genebra: WHO, 2021. Disponível em http://covid19.who.int. Acesso em: 02 de agosto de 2021.

EDITORA JusPODIVM
www.editorajuspodivm.com.br